BIOGRAPHIE

D,U

GÉNÉRAL DE SONIS

In-12. — 3e série.

LE GÉNÉRAL DE SONIS

BIOGRAPHIE

DU

GÉNÉRAL DE SONIS

PAR

le Cte DE LAMBEL

Ouvrage orné de gravures.

PARIS

Rue des Saints-Pères, 30

J. LEFORT, IMPRIMEUR, ÉDITEUR

A. TAFFIN-LEFORT, Successeur

Rue Charles de Muyssart, 24

LILLE

Propriété et droit de traduction réservés.

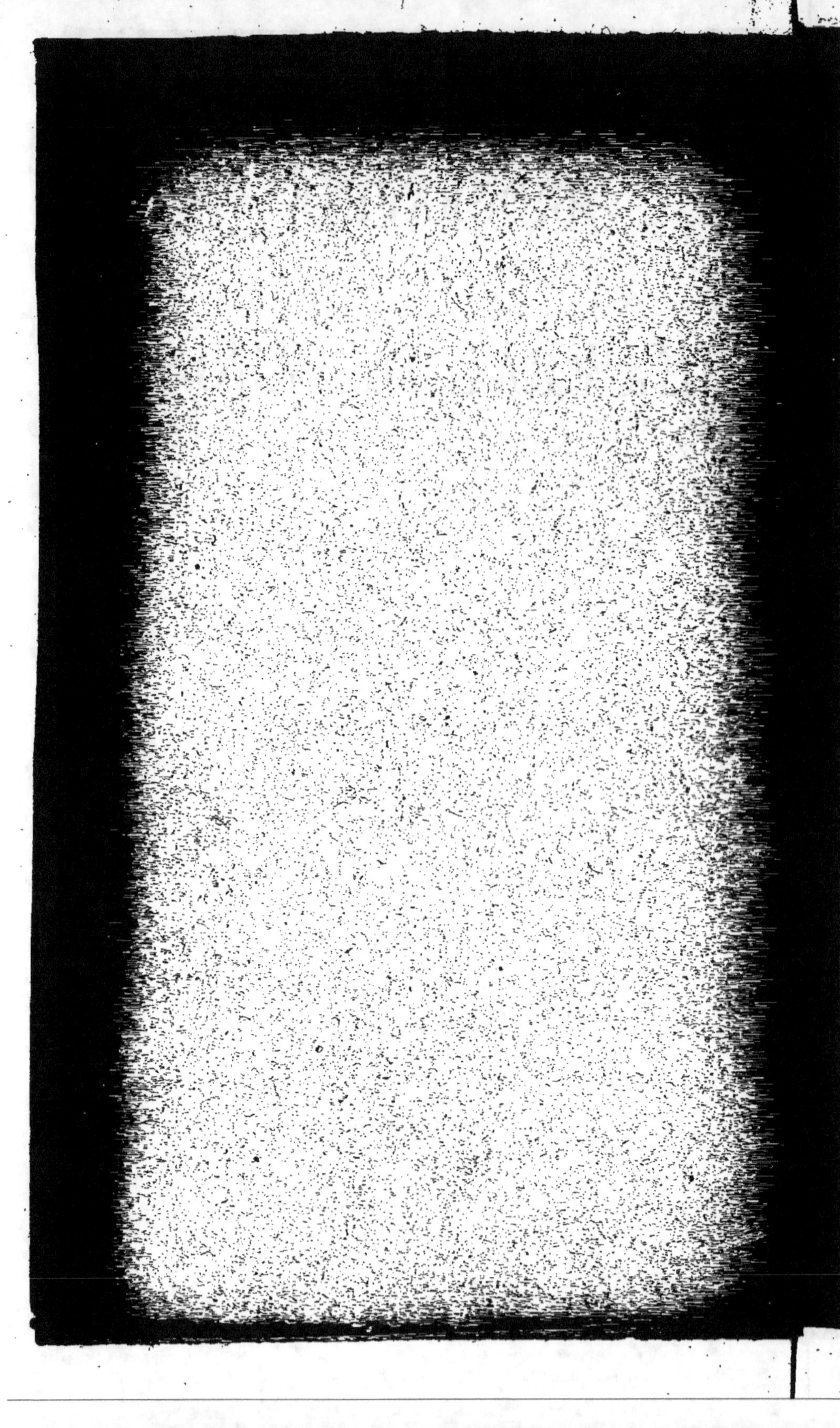

PRÉFACE

Le livre intitulé : **Le Général de Sonis,**
par M\gr BAUNARD*, en était, en 1891,
à sa trente et unième édition.* **Son His-**
toire, *par* M. DE LA FAYE*, en comptait
au moins dix. La rapide diffusion de ces
deux ouvrages, écrits avec talent, prouve
l'intérêt qui s'attache à la vie du héros
chrétien.* — *Diverses brochures en ont
parlé, et ont été bien lues. Cependant
que d'âmes l'ignorent encore, parmi celles
auxquelles cette vie ferait du bien ! C'est
pour la populariser de plus en plus, et la*

que nous avons [illegible]

[illegible]

Nous remercions les deux auteurs [que nous]
venons de citer de leur [bien]
veillance, et nous prions le lecteur
[de] daigner tenir notre travail

BIOGRAPHIE

DU

GÉNÉRAL DE SONIS

———

CHAPITRE PREMIER

Naissance de Gaston-Louis de Sonis (25 août 1825); sa famille, son éducation, ses études. — Il est orphelin, quand il est admis à St-Cyr. — En sortant de l'école militaire, il entre dans le 5ᵉ régiment de hussards, envoyé à Castres — Il s'y marie. — Nommé lieutenant, il réside à Limoges pendant quatre années. — Capitaine en 1854, il part pour l'Algérie. — Comme à Limoges, il s'y distingue par ses talents militaires, ses œuvres charitables, sa vie exemplaire. — Guerre d'Italie; bataille de Solférino. — Traité de Villafranca.

La noble et chrétienne famille de Sonis, venue de France en Amérique, habitait les Antilles, et leur avait donné plusieurs gouverneurs, quand Gaston-Louis de Sonis illustra son nom, déjà et depuis des siècles fort honorablement connu.

ourrage M. Pontgibaud [...]
Son père était alors un jeune lieutenant, et [...]
[...] que ses fonctions avaient ramené à [...]
[...]oupe. Sa mère (Mlle de Babian), encore [...]
[...]tinguée par son esprit et son cœur que [...]
[...] beauté, était veuve d'un gentilhomme portugais
[...] (de Lestortière), et vivait dans la retraite, [...]
[...] gracieuse petite enfant, quand M. de Sonis
[...] le bonheur d'obtenir sa main. Elle n'a[vait]
[...]ors que dix-huit ans. Durant son séjour au
[...]nage, elle devint mère de deux fils et de deux
[...]les.

À la suite d'un tremblement de terre, elle
perdit la plus grande partie de sa fortune. [...]
ménage, étroitement uni par la conformité des
sentiments religieux, supporta ce désastre av[ec]
une sérénité que la foi sait inspirer.

Gaston fut l'aîné des garçons de Mme de Sonis.
Elle veilla sur lui avec une tendre sollicitude, et
déposa dans son âme le germe des vertus qui
[de]vaient briller dans sa glorieuse carrière. Il la
[per]dit bien jeune, mais il conserva de sa bonté
une impression et une reconnaissance ineffaçables.
Son père, accablé de douleur, revint en France,
après la mort de Mme de Sonis, conduisit Gaston
à Paris, et chercha pour lui des maîtres dignes
de sa confiance, au double point de vue intelle[c]-
tuel et moral. Il choisit successivement le collège
Stanislas et celui de Juilly; il n'eut qu'à se louer
de ces deux institutions.

Gaston fit sa première communion à Stanislas. « L'instruction religieuse, dit-il, y était l'objet de soins particuliers. J'y pris un grand goût, et ma disposition pour la piété ne tarda pas à se développer. Tous les soirs, en arrivant au dortoir, je me mettais à genoux au pied de mon lit et je restais longtemps en prière.... Sous l'influence des bons exemples, sous l'action d'une grâce particulière, je ne tardai pas à faire de grands progrès. Quoique je n'eusse que dix ans, je fus admis à la première communion.... Je m'y préparai avec la plus tendre dévotion et j'accomplis ce grand acte avec un sérieux au-dessus de mon âge, avec une foi et un amour de Dieu ardents. J'apportai à la sainte table mon innocence baptismale.... Délicieux souvenirs de ma première communion, je ne vous ai jamais perdus ! Vous êtes un baume qui avez consolé les mauvais jours de ma vie. »

M. de Sonis fut moins heureux dans le choix de la pension, quand il s'agit de la préparation à Saint-Cyr. Son fils trouva, dans la maison où il fut placé, des maîtres sceptiques et des condisciples débauchés, qui, sans ruiner sa foi, portèrent atteinte à sa ferveur.

Après avoir subi d'excellents examens pour l'école militaire, il était venu passer ses vacances à Libourne, chez son père, avec son frère et ses sœurs. C'était là qu'habitait M. de Sonis, alors chef de bataillon. A peine sorti d'une grave maladie, il se croyait tout à fait guéri, se réjouissait des succès de Gaston, causait longuement avec lui, et lui témoignait d'une façon touchante la tendresse de son amour paternel, quand, un matin, il prévint sa famille de son prochain départ pour l'école de La Flèche. Il voulait y installer son second fils, âgé de quinze ans, puis revenir en toute hâte à son poste. Sa santé n'inspirait aucune inquiétude, et ce projet ne souleva pas d'objection. Quelles furent les angoisses de Gaston quand le lendemain, de bonne heure, il vit entrer dans sa chambre un intime ami de son père, le visage tout bouleversé !

— L'état de M. de Sonis est très alarmant, dit-il, une forte hémorragie l'empêche de continuer sa route ; il a dû s'aliter à Bordeaux.

Ses enfants partirent aussitôt pour aller le rejoindre. A leur arrivée, il était tellement faible qu'il ne put pas leur dire un mot. Il les regarda très affectueusement, puis il leva les yeux vers le ciel, comme pour leur montrer le rendez-vous des chrétiens et leur rappeler ce qu'il fallait faire pour obtenir d'y entrer. Un prêtre vint l'administrer ; le malade reçut pieusement et en pleine connaissance les secours de la religion ; puis les vomissements de sang recommencèrent et ne laissèrent plus d'espoir. La nuit suivante, il entrait dans son éternité (septembre 1844).

« Dès le matin du jour suivant, dit M. Gaston de Sonis, je vis tout à coup la porte de la chambre s'ouvrir lentement ; un prêtre entra, mais nous ne le connaissions pas. Après avoir prié, il s'adressa à nous.

» — Mes enfants, je viens d'apprendre qu'il vous est arrivé un grand malheur. Ministre de Jésus-Christ, je suis venu vers vous, pour vous apporter, si vous le voulez, ses divines consolations.

» Il nous parla pendant longtemps ; chacune de ses paroles portait ; pas un mot qui n'eût un sens pénétrant. Dès le commencement de son discours, mon cœur s'était ouvert à deux battants, avide d'entendre des accents dont j'étais déshabitué depuis plusieurs années. Quand il nous quitta, j'étais converti. Jésus-Christ avait repris possession de mon cœur.

» Ce prêtre était un Jésuite ; il s'appelait le Père Poncet. »

La mort de son père, qu'il chérissait, fut pour le cœur de Gaston une épreuve très douloureuse ; mais en même temps elle devint pour son âme une lumière et un avertissement. Après avoir été frappé, il comprit mieux l'extrême fragilité des choses d'ici-bas, et la nécessité d'élever nos pensées au-dessus de ce monde périssable. Sa vie confirma désormais la vérité si bien exprimée par Mgr Bougaud dans son livre sur la douleur, quand il dit :

« La douleur vivifie et agrandit les âmes. Elle y met une beauté, une grandeur touchantes. Sans la douleur, il n'y a jamais eu sur cette terre ni une grande âme, ni une grande œuvre. Certaines cordes, et les plus belles, ne vibrent dans l'homme que quand elles ont été trempées dans les larmes. »

Peu de temps après le malheur qui l'avait rendu tout à fait orphelin, Gaston recevait la nouvelle de sa nomination à Saint-Cyr. Il y était admis dans un très bon rang, et deux ans plus tard (octobre 1846), il en sortait sans avoir rien perdu de ses convictions religieuses; il communiait tous les dimanches, foulant aux pieds le respect humain, méprisant les mauvais propos, supportant avec courage les railleries, les persécutions que son temps prodiguait encore aux pratiques chrétiennes. Ses chefs l'avaient tout de suite distingué parmi ses camarades, et sa conduite lui avait mérité de leur part des notes exceptionnelles. « C'est un élève d'élite, » disaient-ils. Ils le regardaient comme le meilleur de sa promotion. Après Saint-Cyr, il fut envoyé à Saumur, où il devint excellent cavalier.

Pendant son séjour en Anjou, il fit, avec plusieurs amis, une sorte de pèlerinage à l'abbaye de Solesmes, et il en rapporta une très haute idée de la vie monastique. Ce fut alors qu'il promit à Jésus-Christ de ne jamais rien lui refuser. Il en prit l'engagement solennel, et l'observa tout le reste de sa vie.

Au sortir de l'école de Saumur, licenciée, avant la fin des cours, par le gouvernement provisoire de 1848, il fut incorporé dans le 5e régiment de

hussards, appelé à tenir garnison à Castres. C'est
là que la Providence lui ménageait pour compagne
une femme de grand mérite. Suivant la parole de
l'Écriture, elle lui était destinée comme récompense de ses vertus.

L'arrivée d'un régiment dans une petite ville
est un événement. Celui des hussards y fit son
entrée à la fin de l'été, par un temps superbe.
Tout le monde était aux fenêtres ou dans les rues
pour jouir de ce spectacle. Parmi les personnes
qui regardaient le passage des troupes, il y avait
une jeune fille, dont la modestie pleine de réserve
et les agréments extérieurs attirèrent l'attention
de M. de Sonis.

Dès qu'il fut installé dans son petit logement,
le nouvel officier voulut se renseigner sur celle
dont la vue avait ému son cœur. Des détails, pui-
sés aux sources les plus sûres, lui apprirent qu'elle
appartenait à l'une des familles les plus honorées
de la ville, et qu'elle était elle-même une personne
accomplie. La fortune n'était pas considérable,
mais c'était une question accessoire aux yeux de
M. de Sonis, qui cherchait, avant tout, le mérite
personnel. Il rencontra, dans plusieurs salons,
Mlle Anaïs Roger, put causer sérieusement avec
elle, et ces conversations confirmèrent la haute
opinion qu'il en avait conçue. Aussi ne tarda-t-il
pas à la demander en mariage. Sa démarche fut
accueillie favorablement par M. Roger. Mais sa fille
n'avait encore que dix-sept ans; il voulait ajourner

la date de la célébration. Cependant l'attente fut abrégée, et, le 18 avril 1849, les jeunes époux, si dignes l'un de l'autre, étaient unis pour toujours.

Mme de Sonis a écrit, sur son bonheur en ménage, des lignes touchantes, reproduites par Mgr Baunard dans son remarquable ouvrage :

« Nous étions bien heureux, dit-elle, et notre bonheur fut aussi complet qu'il est possible de le rêver en ce monde. Tous les jours, nous remerciions Dieu de nous avoir donnés l'un à l'autre. Nous n'avions vraiment qu'un cœur et qu'une âme. Celui de mon cher Gaston était un trésor de bonté et de tendresse, un cœur d'une exquise sensibilité, avec une âme des plus viriles et d'une fermeté rare. On comprendra aisément ce qu'un tel homme fut pour moi, et combien il me devint doux et facile de lui consacrer ma vie. »

Dès les premiers temps de son mariage, M. de Sonis travaillait beaucoup, parce qu'il voulait devenir un officier distingué et servir le mieux possible son pays; c'est alors qu'il étudiait, entre autres, les divers ouvrages du général Jomini, à la fois stratégiste et historien. Il se pénétra de ses principes et les annota pour les mieux connaître. Son aimable épouse lui tenait fidèle compagnie, et le secondait le plus qu'elle pouvait dans ses études.

Peu de temps après son mariage, la sœur aînée de M. de Sonis (Mlle de Lestortière), répondant à l'appel de la grâce, entrait au Carmel de Poitiers. Bientôt sa plus jeune allait l'y rejoindre (1).

Les bons époux ne restèrent pas longtemps à Castres. Le 5ᵉ régiment de hussards, envoyé à Pontivy, n'y séjourna que peu de semaines, et fut appelé à Paris. Puis M. de Sonis, devenu père, fut nommé lieutenant dans un régiment en garnison à Limoges. Il résida dans cette ville pendant quatre ans; c'est là qu'il connut M. l'abbé de Bogenet, grand vicaire du diocèse, prêtre d'un rare mérite, qui refusa plusieurs évêchés, et qui fit un bien immense dans le pays qu'il ne voulut jamais quitter. Il gagna la confiance de M. de Sonis, devint son ami, et il exerça sur cette belle âme la plus salutaire influence.

Le jeune officier accomplissait, avec la plus grande exactitude, ses devoirs militaires; puis il trouvait moyen de faire, avec sa chère compagne, d'édifiantes lectures et de pratiquer la charité. Entré dans la Conférence de Saint-Vincent de Paul, il en devint l'un des membres les plus dévoués. Dans toutes les villes qu'il habita plus tard et où il trouva la Société de Saint-Vincent de Paul organisée, il s'associa toujours à ses travaux. Il était très exact aux séances des membres et aux visites des pauvres. Il leur parlait avec cette bonté qui gagne les cœurs, car jamais il ne se bornait

____

(1) La troisième mourut, après quelques années de mariage. Enfin son frère suivit la carrière des armes, et parvint au grade de général.

à leur porter des bons de pain. A ses yeux, le secours matériel était une sorte de passeport qui
permettait de pénétrer chez les malheureux. Une
fois entré chez eux, il les saluait bien poliment,
s'asseyait, les écoutait, leur témoignait un vif
intérêt, s'enquérait des besoins, s'ingéniait à leur
donner satisfaction, cherchait pour les ouvriers
de l'ouvrage, les recommandait à leurs patrons,
les ramenait aux pratiques religieuses, fortifiait
leurs célestes espérances, et leur enseignait les
voies à suivre pour en obtenir la réalisation.
Aussi charmait-il ses protégés. Ils aimaient jusqu'à son air doux et martial tout à la fois, et ils
comptaient parmi leurs jours privilégiés ceux où
il leur était donné de se consoler en l'écoutant.

En 1853, à l'assemblée générale de la Société,
réunie au palais épiscopal, sous la présidence de
son évêque, M. de Sonis fut chargé du rapport
annuel. Il commençait ainsi :

« .... Monseigneur, étranger dans cette ville,
je pensais qu'il ne m'appartenait pas de porter
la parole au nom de la Conférence. Pèlerin sur
cette terre de France, que je parcours sans cesse
pour la mieux connaître, la mieux aimer et la
mieux servir, je n'avais pas encore entrevu cet
horizon de la charité organisée, que le christianisme nous présente sous le nom de Société
de Saint-Vincent de Paul. Sans doute le sentiment de la charité n'était pas étranger à mon âme;
j'avais, comme tant d'autres, été ému à l'aspect

de la misère ; j'avais souffert de mon impuissance à la soulager, et Dieu m'est témoin que, de tous les regrets que m'inflige la fortune, le plus amer a toujours été cet équilibre forcé du cœur avec la bourse....

» Mais m'appartenait-il à moi, encore si jeune soldat de votre armée, de prendre ici le rôle et la place des anciens ? Ah! je vous devine, Messieurs, et je vous entends. Vous vous êtes dit que, parmi vous, il n'y a ni jeunes, ni vieux, ni conscrits, ni vétérans. Jésus-Christ est un maître qu'il fait bon de servir à tout âge, c'est un chef qui prend tout ce qui veut venir à lui. Sous son étendard, on se réunit bien à l'aise, et l'éducation des troupes est vite faite. Et puis, Messieurs, vous avez voulu signaler la présence d'un soldat dans vos rangs, et c'est sans doute à ce titre que je parle en votre nom. Je bénis la Providence qui a voulu que je fusse ici l'un des premiers à entrer dans cette alliance de l'armée et de la charité, et je salue de loin un avenir dans lequel j'ai foi ; cet avenir qui apportera à la France la tranquillité et le bonheur, le jour où la patrie mettra son épée au pied de la croix.... »

Ensuite le rapporteur rendit compte des travaux de l'année, et termina par d'éloquentes paroles sur l'apostolat chrétien.

Au bout de peu de mois, Limoges se félicitait de posséder le ménage de Sonis. On citait des

traits de son esprit, de sa bonne grâce, de sa foi
et de sa charité. On se disait, par exemple, que
chaque matin, à cinq heures, même par les
froids les plus rigoureux, le brillant officier se
rendait à la messe de la cathédrale avant d'aller
à son quartier de cavalerie. On vantait la douceur
de son commerce, la loyauté de son caractère et
la fermeté de ses convictions. Enfin on trouvait
que, par ses qualités aimables et sérieuses, sa
femme se montrait digne d'un tel mari.

Un jour, dans une promenade militaire, il fit
une chute qui aurait pu le tuer. Dieu le préserva
visiblement; aussi, après l'exercice, avant de
rentrer chez lui, l'officier se rendit en uniforme
à la cathédrale, pour témoigner sa reconnaissance
au Seigneur et faire le Chemin de la croix.

Profondément attaché aux vérités enseignées
par l'Église, il était hostile aux idées supersti-
tieuses. Un soir, il arriva dans un salon tout
occupé des tables tournantes; on voulut l'associer
aux expériences, mais il s'y refusa d'une façon si
arrêtée qu'on n'osa pas insister.

Marchant d'ordinaire en la présence de Dieu,
il pensait souvent à la vie future et lui subor-
donnait toutes ses actions. « Je suis chrétien,
écrivait-il à l'un de ses amis, et ce titre en vaut
bien d'autres. Chaque jour, j'apprends à l'appré-
cier davantage ? »

Il aimait beaucoup les cérémonies religieuses.
Les offices de l'Église ne lui semblaient jamais

trop longs; il y assistait avec joie, et ne s'éloignait pas du sanctuaire sans regret.

Scrupuleux observateur des pénitences obligatoires, il se bornait, les jours de jeûne, à un seul repas. Il jeûnait tout le Carême, et ne prenait aucun aliment du jeudi saint au dimanche de Pâques.

Un jour il répondit à un religieux qui l'engageait à modérer ses austérités :

— Si je peux les supporter en conscience, sans nuire à ma santé, comment auriez-vous la pensée de me les interdire?

Très sévère pour lui-même, il se montrait plein d'indulgence pour les autres. Il se plaisait à excuser leurs défauts, à vanter leurs qualités, et il était heureux quand il pouvait leur rendre service. Aussi comme on l'aimait et comme on respectait sa piété! Un matin, il rencontre dans la rue le Saint Sacrement, porté en viatique à un malade. Il est en uniforme. Cependant il n'hésite pas à s'agenouiller sur le pavé. Cet acte de foi édifie les chrétiens, et ceux qui ne l'étaient pas ne se permirent pas de le critiquer.

Plus tard, il décidait quelques amis à faire avec lui l'adoration nocturne. Voici comment il raconte au comte de Sèze cette pieuse fondation :

« Ici, mon cher Louis, nous avons eu l'idée de nous réunir une fois par mois, pour adorer le Saint Sacrement pendant la nuit. Nous avons commencé cette année, et nous avons débuté par passer la nuit du mardi gras. La seconde a été celle de la mi-Carême. Nous avons ainsi cherché à mettre dans la balance des jugements de Dieu un peu d'amour sur le plateau de la miséricorde, qui est, hélas ! si vide de nos réparations, afin de faire contrepoids à la malice des hommes.

Nous sommes huit chrétiens qui nous assemblons sans bruit, ayant soin de choisir la plus grande fête qui se trouve dans le mois. J'ai écrit à mes sœurs les Carmélites, afin qu'elles s'unissent à nous. »

Quand on le voyait agir avec ardeur pour glorifier Dieu, on comprenait la parole qu'il répétait souvent :

— Lorsqu'on se met à aimer Dieu, on ne l'aime jamais assez.

Nommé capitaine en 1854, il dut changer de régiment. Il aspirait à une vie active, il voulait les fatigues et les périls des camps. Il obtint d'être envoyé dans un régiment de hussards en partance pour l'Algérie, où il devait passer longtemps et travailler efficacement à affermir l'autorité française. Il pensait avec raison que le meilleur moyen d'atteindre ce but, c'était de montrer aux indigènes, très attachés à leurs pratiques de religion, que les vainqueurs étaient eux-mêmes religieux, et qu'ils leur étaient supérieurs par la loyauté, le dévouement, la charité et toutes les vertus chrétiennes. Sa conduite, en harmonie avec ses principes, lui attira bientôt le respect

des vaincus, et ils ne tardèrent pas à le sur-
nommer *le Juste*.

En moins de trois ans, il séjourna successivement à Alger, à Bône, à Blidah, et partout il
laissa des traces bienfaisantes de son passage.

Le bien, fait aux pauvres, les adorateurs noc-
turnes, groupés autour du Saint Sacrement, à
Alger comme à Limoges, lui procuraient de vives
consolations; mais il eut aussi des croix à porter.
Des fièvres dangereuses le conduisirent aux portes
du tombeau, et les longues absences de son cher
ménage, retenu loin de lui par des raisons de
santé, lui imposaient de pénibles privations. Il
s'en ouvrait avec ses amis, et il écrivait à l'un
d'eux : « Je me trouve bien seul ici, entouré de
gens que je ne connais presque pas et qui n'ont
aucune de mes idées. Aussi je suis presque toujours solitaire. Aussitôt que mon service est fini,
et que les repas, pris en commun, sont terminés,
je monte à cheval et je regagne ma demeure. Là
ma journée se passe, partagée entre l'étude et
quelques bons moments de méditation. Dans le
commencement, j'ai eu de la peine à me faire à
cette existence. J'aime tellement ma femme et
mes enfants, qu'il me semblait impossible de
vivre éloigné d'eux; mais j'ai mis cette épreuve
au pied de la croix et je m'en trouve bien.... »

Quand il est séparé de sa compagne bien-aimée,
il lui écrit de longues lettres, confiées à chaque
courrier. Un jour, il s'était désarticulé le bras

droit. Il ne voulut pas interrompre sa correspondance; il la continua, au prix de nouvelles souffrances, pour ne pas s'exposer à inquiéter Mme de Sonis. Il pense bien souvent à elle; « ses yeux ne se détournent pas de cette bonne petite mère, retirée à trois lieues de Castres, dans la campagne paternelle, entourée de sa famille, et attendant qu'elle vienne à s'augmenter prochainement d'un nouveau-né.

Il comptait déjà trois années de séjour en Afrique quand eut lieu l'expédition de Kabylie (1857). Jusqu'à cette date, l'armée ne s'était pas encore aventurée dans les montagnes du Jurdjura qui paraissaient inaccessibles. Le maréchal Randon résolut de s'en emparer avec un corps de 25,000 hommes. La conquête fut glorieuse : pour en perpétuer le souvenir et pour la rendre durable, on construisit sur le mont le plus élevé le fort Napoléon. Son existence redit sans cesse aux indigènes la puissance de la France, et sa vue réprime les tentatives de révolte.

Dans cette campagne, l'infanterie était soutenue par des colonnes de cavalerie, où se trouvait le capitaine de Sonis. C'était la première fois qu'il allait au feu; mais à partir de cette époque, et jusqu'à la fin de sa carrière militaire, il tirera l'épée partout où son pays fera la guerre.

Dès que le signal du combat était donné, il faisait le signe de la croix; puis il s'élançait en avant avec bravoure et sans paraître ému. Les hommes auxquels il commandait comprenaient alors combien la religion aide à bien défendre la patrie, et ils marchaient à sa suite, électrisés par son exemple.

Il était de plus en plus assujetti à de fréquents déplacements. Il lui est arrivé d'en faire jusqu'à six en dix-huit mois. Il en résultait des dépenses considérables pour sa très modeste fortune, mais il s'arrangeait toujours de façon à ne pas diminuer la part des pauvres. Il aimait mieux s'abstenir de café, de tabac; il se privait de son bon journal, il allait rarement au cercle; afin de ne rien retrancher aux misères qu'il était si désireux de soulager.

Toutes les âmes éprouvées étaient sûres d'avance de trouver près de lui la force et l'allègement dont elles avaient besoin. Sa fille aînée raconte un de ces traits de compassion qui lui étaient habituels. Un jour, elle vit un soldat, fondant en larmes, entrer chez son père et se jeter à ses pieds :

—Ah! mon capitaine, dit-il, ma mère, ma pauvre mère est morte! »

Et il ne pouvait retenir ses sanglots.

M. de Sonis le relève, l'embrasse, l'emmène dans son bureau, cause longtemps avec lui, et lui parle un langage si compatissant, si chrétien, qu'il parvient à lui faire goûter les bienfaits de la résignation.

Il exerçait une sérieuse influence sur ceux qui l'approchaient. « Son apostolat, écrit M. le curé

de Mustapha à Mgr Baunard, consistait particu-
lièrement à rendre la religion aimable à ses camarades par toutes sortes de bons services. S'il
apprenait qu'un de ses collègues était dangereu-
sement malade, il venait en prévenir le prêtre.
Lui-même faisait à son chevet une visite d'ami,
afin de le disposer à me recevoir, choisissant le
moment opportun pour glisser dans cette âme
des pensées que son accent de franche conviction
y faisait pénétrer. Il était un des chrétiens des
premiers âges.... L'oraison assidue et la communion fréquente l'élevaient de plus en plus vers la
perfection. Chaque fois que mon ministère m'appelait à lire dans le fond de cette âme, je me sentais, à ce contact, ranimé dans mon devoir de
prêtre et de missionnaire. »

Toujours désireux de propager la vérité et par
elle la civilisation, il agissait sur les indigènes
par l'exemple et par la parole. Voilà pourquoi,
dès les premiers temps de sa résidence en Algérie, il voulut apprendre les deux langues arabes,
celle des savants et des littérateurs, puis celle
du peuple avec ses divers dialectes. Il ne se
laissa pas décourager par l'aridité de pareilles
études, et il parvint, non seulement à écrire,
mais à parler couramment l'arabe.

Il était tout occupé à remplir en Algérie ses
devoirs de soldat et de chrétien, quand Napoléon III déclara la guerre à l'Autriche et voulut
l'attaquer en Italie (1859). L'armée de combat

fut partagée en quatre corps. M. de Sonis fut appelé à faire partie du quatrième, avec le commandement d'un escadron de chasseurs d'Afrique. Les catholiques s'effrayaient de voir le gouvernement porter secours aux révolutionnaires italiens. L'empereur s'efforça de les rassurer, par une longue proclamation à l'esprit de laquelle malheureusement il ne resta pas fidèle. Il disait alors : « Nous n'allons pas pour fomenter le désordre, ni pour ébranler le pouvoir du Saint-Père que nous avons replacé sur son trône, mais pour le soustraire à la pression étrangère qui s'appesantit sur toute la péninsule. »

Le 14 mai, M. de Sonis débarquait à Gênes ; bientôt il assistait à un engagement sérieux près du village de Montebello. Les Autrichiens avaient été obligés de se replier, mais cette journée avait coûté aux Français des morts et un certain nombre de blessés pour lesquels on se hâta d'organiser une ambulance provisoire. Le capitaine de Sonis, qui ne manquait pas une occasion de faire du bien, visita l'ambulance, porta des consolations, des médailles, des témoignages d'affection aux malades ; il se rendit aussi sur le champ de bataille, entra dans l'église qui l'avoisinait, pria pour les victimes, communia pour eux, et demanda le saint sacrifice de la messe à leur intention.

Ce premier succès fut suivi d'un avantage plus important obtenu à Palestro, et peu de jours après (6 juin) les Français remportaient la victoire de Magenta, due surtout au maréchal Mac-Mahon, dont l'arrivée précipitée sur le champ de bataille sauva d'un désastre imminent le corps d'armée de Baraguay-d'Hilliers.

Placé à un poste d'observation près du Tessin, le capitaine de Sonis n'eut pas à payer de sa personne dans cette bataille, mais il ne négligea pas plus qu'à Montebello de s'occuper des victimes ; il procura aux uns le bienfait d'une sépulture chrétienne, et porta aux autres des enseignements qui les disposèrent à paraître devant Dieu ou à mener à l'avenir une meilleure vie. Un aumônier militaire, interprète de ses confrères, disait :

— Quand M. de Sonis a passé quelque part, les cœurs sont toujours prêts à nous recevoir. »

Appelé souvent à faire des reconnaissances, menant une vie errante, il n'interrompait pas ses pratiques de piété. Quand il arrivait à un campement, il cherchait un clocher, se rendait à la maison du curé, se confessait en latin, parce que le pasteur ignorait le français et que lui-même ne savait pas l'italien ; puis il communiait, s'il le pouvait ; sinon, c'était pour le lendemain. Ensuite il rentrait au camp, la joie dans le cœur. Quand le temps le pressait, il partait tout de suite après avoir reçu Jésus-Christ, et il faisait son action de grâces à cheval.

On n'osait pas se permettre la moindre plaisanterie à son sujet. S'il était le premier à la

LE MARÉCHAL MAC-MAHON

messe, au presbytère, à la réception des sacrements, il était aussi le premier au feu. On admi-
rait sa bravoure, et on était obligé de reconnaître
qu'il était un modèle pour tous.

La bataille de Solférino se livrait le 24 juin
1859. Au sommet de ce village, situé sur une
pente très raide et rocailleuse, on voyait une tour
fort élevée ; c'est là que les Autrichiens avaient
placé leur artillerie. Le combat commença dès
trois heures du matin ; à une heure et demie, les
troupes de Canrobert et de Mac-Mahon étaient
maîtresses de la position.

Cependant l'aile droite de l'armée ennemie
avait obtenu sur les Piémontais de sérieux avantages, et son aile gauche tenait en échec les régi-
ments du général Niel. L'empereur François-
Joseph avait encore une lueur d'espoir ; il voulut
tenter un dernier effort. Il prescrivit au corps du
comte de Wimpffen de se jeter en masse sur la
partie de l'armée française qui combattait depuis
le matin par une chaleur accablante, et les chasseurs tyroliens, renommés pour leur courage, se
formèrent en carrés redoutables qu'il importait
de pénétrer, sous peine de voir la victoire dégé-
nérer en défaite. Il fallait, à tout prix, opérer
une trouée dans cette muraille vivante. Ce fut au
troisième escadron des chasseurs d'Afrique qu'é-
chut le périlleux honneur de faire la première
charge. « M. de Sonis (1), qui le commande, fait

(1) Mgr Freppel, éloquente oraison funèbre du général de Sonis.

le signe de la croix ; puis il s'élance en avant de ses hommes, qu'il entraîne à sa suite.

Un feu meurtrier l'accueille, lui et ses braves, et, en quelques instants, de ce magnifique escadron il ne reste plus que des débris.

Mais l'infanterie autrichienne est entamée. Le capitaine de Sonis, qui a eu son cheval tué sous lui, court à pied, le sabre à la main, parant les coups qu'on lui porte ; puis, revenant en arrière à travers les balles qui pleuvent autour de lui sans l'atteindre, il saute sur le premier cheval qu'il rencontre, rallie les siens, les ramène au combat, suivi du gros de sa division qui, traversant à son tour les carrés déjà rompus, achève la déroute et complète la victoire sur le seul point où l'ennemi, refoulé partout ailleurs, opposait encore à nos armes une résistance désespérée. »

L'empereur d'Autriche ordonne alors de battre en retraite. Une partie de l'armée française se disposait à poursuivre les vaincus quand un orage épouvantable vint mettre un terme à ces rencontres si meurtrières. 300,000 hommes avaient combattu de part et d'autre ; 35,000 environ étaient hors de combat !

Le capitaine de Sonis avait déployé un courage incomparable : il s'était conduit en héros ; aussi, le lendemain de cette mémorable journée, il était cité à l'ordre du jour, et proposé le premier pour la croix de la Légion d'honneur.

Après l'orage, Napoléon III parcourut le champ

de bataille ; il y éprouva une impression si douloureuse qu'il résolut de conclure la paix à très
bref délai.

Douze jours plus tard (10 juillet), il rencon-
trait l'empereur d'Autriche à Villafranca, et
signait les préliminaires du traité qui allait paci-
fier les deux empires.

Quelques mois de séjour en Italie suffirent à
M. de Sonis pour l'éclairer sur les dispositions du
peuple pour lequel la France s'était battue et
avait fait tant de sacrifices. Il comprit d'une
part que les Italiens paieraient les Français
d'ingratitude, et de l'autre, il fut navré de voir
que notre expédition profiterait aux révolutionnaires, disposés à s'insurger contre les pouvoirs
légitimes, et spécialement contre le Souverain
Pontife.

Un jour, traversant une ville du pays, il vit
une foule nombreuse réunie autour d'une statue
équestre. Un écriteau avait été attaché au sabot
du cheval. Ne pouvant en comprendre le sens, il
en demanda la traduction à un prêtre qui passait
près de là. L'inscription signifiait : « Puisses-tu,
de ton sabot, écraser la tête du dernier prêtre et
du dernier Bourbon! » M. de Sonis, ne pouvant
alors contenir son indignation, s'écria :

— Monsieur l'abbé, vous avez bien voulu me
servir une première fois d'interprète, veuillez le
faire encore, et dire à cette canaille qu'elle ne
sera jamais digne de la liberté.

Il exprimait la même opinion à M. l'abbé de Bogenet :

« .... Nous sommes ici au milieu de la révolution, lui écrivait-il. Rien de plus triste et de plus ridicule à la fois que ce peuple de comédiens. Pauvre pays que l'Italie, qui n'a plus de vraiment chrétien que sa population des campagnes !... Enfin, pour si peu que nous valions, nous sommes encore les soldats de l'Église. »

Il terminait en disant :

« Dieu m'a conservé miraculeusement la vie. Puissé-je l'employer à son service et à sa gloire ! Là est toute mon ambition. »

CHAPITRE II

De retour en Afrique, M. de Sonis prend part à une expédition dans le Maroc. — Ravages du choléra. — Mort du colonel de Montalembert. — M. de Sonis, nommé chef d'escadron, est appelé au commandement du cercle de Tenez, puis de celui de Laghouat. — Visite de Mgr Pavy, évêque d'Alger. — Envoyé de Laghouat à Saïda, M. de Sonis exerce là, comme partout, une salutaire influence. — Il est de nouveau chargé du cercle de Laghouat. — Il fait une campagne d'hiver dans le sud, avec le grade de lieutenant-colonel. — Témoignage du colonel Trumelet. — Relation de M. d'Harcourt. — Sollicitude de M. de Sonis pour M. de Jayac de Lagarde.

A peine de retour en Algérie, une partie des troupes qui arrivaient d'Italie, harassées de fatigue, reçut l'ordre de se remettre en campagne. Il fallait aller réprimer un soulèvement dans le Maroc. L'appel ne s'adressait pas à l'escadron de M. de Sonis, mais il demanda et obtint de faire partie d'un de ceux qui devaient faire cette expédition.

On partit d'Alger le 30 septembre pour un voyage très pénible qui devait durer un mois. On eut beaucoup de peine à rencontrer l'ennemi qu'on avait mission de châtier ; il échappait aux

poursuites dont il était l'objet. Mais on dut
subir un fléau qu'on ne cherchait pas et qui était
bien autrement meurtrier : c'était le choléra. Il
se mit à sévir avec tant de violence qu'il en vint
jusqu'à frapper de mort cent hommes par jour.
Ce fut pour M. de Sonis une douloureuse occasion d'exercer son dévouement. Il la saisit avec
empressement, tout en conservant le calme et
l'espoir du chrétien. Plus tard, faisant allusion
aux ravages de la maladie, il disait à ses amis :

— J'avais fait, dès le départ, le sacrifice de ma
vie, quoiqu'il me coutât beaucoup, à cause de ma
femme et de mes enfants, pour qui je priais
chaque jour. Mais enfin Dieu est un père, j'avais
confiance en Lui. J'avais eu soin de le recevoir
dans mon cœur dès le départ, et, vivant en sa
présence, je m'étais, j'espère, conservé dans sa
grâce. Je me mis à ses ordres pour accomplir ce
qu'il y avait à faire, et je compris que la charité
attendait quelque chose de moi. J'étais navré de
voir ces soldats, que j'aimais, tomber chaque jour
comme des mouches, sans que personne fût là
pour leur parler de Dieu, de leur âme et de leur
salut. Nous n'avions pas d'aumônier, j'ai bien
des fois entendu le colonel de Montalembert s'en
plaindre hautement en ma présence ; il en souffrait comme moi. Je fis donc ce que je pus près
de ces pauvres moribonds, et en cela je n'eus pas
de mérite, car j'étais bien payé par les consolations de tout genre que je trouvais à les assister.

On ne sait pas quels cœurs d'or il y a sous cette rude écorce !

» Dès qu'ils se sentaient atteints, ils se tournaient vers Dieu, et j'en ai vu mourir comme je voudrais mourir moi-même. Pauvres jeunes gens ! Ils me confiaient leurs dernières recommandations pour leurs parents, leurs amis ; c'était parfois déchirant ! Malgré leurs atroces souffrances, ils priaient, qui plus, qui moins, mais tous m'assuraient qu'ils voulaient mourir en bons chrétiens. Je les y encourageais, je leur distribuais de bonnes paroles, je leur présentais le crucifix. Il n'était pas en mon pouvoir de faire davantage pour leur ouvrir le ciel, mais je comptais à bon droit sur le Sacré Cœur de Jésus, qui m'a beaucoup aidé dans cette circonstance.... »

Les officiers de son escadron étaient pénétrés d'admiration pour sa charité.

« Dès notre arrivée au bivouac du Kis, écrit l'un d'eux, nous eûmes sous les yeux un spectacle lugubre. Tout ce qui tombe malade est par avance condamné. Nous n'avons ni aumôniers, ni infirmiers, ni médecins. L'eau propre elle-même nous manque ; car tout est desséché autour de nous ; il n'a pas plu ici depuis le mois d'avril. Mais au sein de ces calamités, M. de Sonis se retrouve dans son élément, qui est la charité. Que d'anecdotes j'aurais à rapporter sur son dévouement. A mesure que l'épidémie faisait plus de progrès, son abnégation opérait plus de merveilles. Il ne quittait guère l'ambulance ; ce qu'on y trouvait en foule, c'étaient moins des malades que des agonisants, demandant un médecin, un ami, un prêtre et quelquefois un verre d'eau. La plupart de ces malheureux remercient le Ciel des consolations qu'ils doivent à M. de Sonis, lequel se multiplie pour ne pas les quitter, ni le jour ni la nuit. Après leur mort, il reste encore pour faire rendre les derniers devoirs à ces dépouilles mortelles que l'on trouvait à peine le temps et les moyens d'enterrer.

» Il ne parlait jamais de lui ni de ses services. Un jour, quelqu'un racontait, à notre table commune, que tel chasseur de l'escadron était mort dans la nuit ; le capitaine s'en montra très affecté comme d'une douloureuse nouvelle. Nous apprîmes ensuite que lui-même avait passé la nuit près de cet homme et qu'il ne l'avait quitté qu'après son dernier soupir. »

Cependant, la rencontre si désirée de l'ennemi ne se fit pas longtemps attendre. Des renseignements dignes de foi décidèrent le régiment de M. de Sonis à sortir du foyer de corruption qui multipliait chaque jour ses victimes. Le 25 octobre, la colonne se mit en marche pour escalader le col boisé, couvert de rochers, situé à 800 mètres au-dessus du bivouac ; au bout de deux jours, elle s'établissait au sommet, après avoir repoussé les attaques des indigènes.

Au sud, les Français avaient châtié, mis en

déroute plusieurs tribus révoltées ; ils leur avaient enlevé une importante provision d'armes et de moutons. On jugea, pour cette fois, la répression suffisante, et les troupes furent rappelées à Alger. Mais le choléra n'avait pas encore disparu. En se retirant, l'état-major du 1er de chasseurs fit deux pertes bien sensibles. La première fut celle du lieutenant-colonel Fenin. Assisté par le capitaine de Sonis, qui passa la nuit à son chevet, il offrit généreusement à Dieu le sacrifice de sa vie. Il sollicitait avec de vives instances le ministère d'un prêtre ; comme on ne put pas lui en amener, il pria l'ami qui lui inspirait tant de confiance d'entendre sa confession et de la transmettre, de sa part, dès qu'il le pourrait, à un ministre de Dieu.

La seconde perte fut celle du colonel de Montalembert ; atteint déjà par le fléau, il avait voulu visiter et assister son compagnon d'armes. Le lendemain, une violente attaque ne permit plus de douter de la gravité de son état. Ayant le pressentiment de sa mort prochaine, il avait rédigé pour son régiment un ordre du jour qui témoignait de sa piété profonde et de ses invincibles espérances. Il disait :

« Mes braves chasseurs,

» Nous sommes tous éprouvés par Dieu ; ayez confiance et priez. Il n'abandonnera pas le 1er régiment de chasseurs d'Afrique. Mettons en lui

4

toute notre confiance : s'il y en a qui succombent, qu'ils n'oublient pas en mourant qu'ils remplissent une mission, qu'ils sont des martyrs et qu'ils vont au ciel. Si votre colonel doit être du nombre, qu'ils n'oublient pas non plus qu'il priera pour vous. En attendant, bravons la mort, c'est notre métier ; que le découragement ne nous gagne pas. Dieu fait bien ce qu'il fait, et nous sommes ses enfants. »

Cependant le mal croissait, le danger se montrait, et, malgré le vif désir du malade, aucun prêtre n'apparaissait. M. Decroix exhorte son colonel à faire un acte de contrition parfaite. Le malade demande le petit crucifix que son officier portait ostensiblement sur sa poitrine, le couvre de baisers et fait sa confession à demi-voix.

Mais il appelait toujours un prêtre qui vînt l'exhorter et l'absoudre. Le lendemain matin, M. de Sonis lui amenait le P. Mermillod, chargé du service d'une ambulance éloignée. Il entendit la confession du colonel, qui avait communié à son retour de la guerre d'Italie, et qui dit alors :

— Maintenant, que Dieu fasse de moi selon sa volonté ; je me soumets à tout.

Il parla très tendrement de sa pieuse compagne, de ses enfants, de sa famille, et renouvela souvent le sacrifice de sa vie. Il eut des accents émus pour remercier M. de Sonis.

— Dites bien, mon cher capitaine, aux hommes

de mon régiment, que je mourrai content, parce que j'ai rempli mon devoir de chrétien. Il n'y a que cela qui reste. Dites-leur aussi que je ne les oublie pas et que je compte bien les revoir tous là-haut. Adieu! adieu!

La vie du colonel se prolongea quelques jours de plus qu'on ne l'avait espéré. Son régiment se remit en marche, afin de gagner Alger; le malade fit un effort extraordinaire pour monter à cheval. Au bout d'une heure, il fut forcé de descendre. On dut le porter dans un cacolet, ou panier d'osier, placé sur le dos d'un mulet. Il voulut encore suivre son régiment, mais il fut bientôt obligé de s'en séparer. Alors il serra la main de ses officiers qui le quittaient en pleurant; il embrassa son cher capitaine de Sonis et se dirigea vers la plus prochaine ambulance. On n'y trouva pas de place vacante, et on dut l'abriter dans la chambre d'une auberge. La nuit suivante, il sortait de ce monde pour aller recevoir sa récompense.

Le régiment continua tristement sa route, toujours sous l'influence du choléra qui ne cessait pas de faire des victimes. Quand on fut arrivé à la frontière, une proclamation du général en chef constatait que le fléau avait frappé de mort le quart de la colonne!

De retour à Alger, le capitaine de Sonis recueillit de nombreux témoignages de reconnaissance. On savait, malgré son humilité qui cherchait à la cacher, combien sa conduite avait été charitable et courageuse, et on voulait lui en témoigner de la gratitude. Aussi ce fut une joie universelle quand on apprit sa nomination au grade de chef d'escadron. Il était appelé à faire partie du second régiment de spahis. Mais avant d'aller prendre son commandement, il fut autorisé à passer un trimestre à Castres, au sein de sa famille, dont il était séparé depuis plus d'une année. Ce fut à cette époque qu'il sollicita son admission dans le tiers-ordre du Carmel. En avançant dans la vie, il progressait toujours dans la voie de la perfection.

A peine arrivé à Mascara, où son nouveau régiment tenait garnison, M. de Sonis fut chargé du commandement supérieur du cercle de Ténez, où il ne dépendait plus de son colonel, mais uniquement du général. Ténez est une petite ville située près de la Méditerranée; son territoire fertile recèle des mines de plomb, de fer, de cuivre et d'argent.

M. de Sonis y venait avec la ferme résolution de faire du bien à tous les habitants, aux militaires, aux colons et aussi aux Arabes abrités sous des tentes, dans des douars ou villages entourés d'arbres; ils vivaient du produit de leurs troupeaux ou de la récolte de leurs oliviers et de leurs figuiers.

Il les visita, parla leur langue, s'occupa de leurs affaires, leur témoigna beaucoup d'intérêt, et s'attira bien vite une vive sympathie. Ils étaient étonnés de son désintéressement, de sa constante habitude de refuser tout présent. Puis ils étaient édifiés de le voir prier, réciter le chapelet, se mettre à genoux, jeûner, et ils disaient :

— Nous avons un bon commandant ; il reconnaît la puissance de Dieu.

Ils n'eurent pas le bonheur de le conserver longtemps. Le gouvernement de l'Algérie fut changé le 24 novembre 1860, et le maréchal Pélissier, nouveau gouverneur, chargea M. de Sonis du commandement supérieur du cercle de Laghouat. C'est une petite ville de quatre mille habitants, entourée de milliers de palmiers, dans une oasis, où se trouve une seule source, alimentant un ruisseau qui fertilise les jardins. Elle possède un hôpital pour les malades, une mosquée pour les indigènes. Sur la place s'élèvent l'église, la maison du gouverneur et des boutiques de commerçants français. Au delà, c'est le vaste désert du Sahara.

Mme de Sonis relate dans ses notes l'entrée de la famille à Laghouat.

« Nous n'arrivâmes que fort tard. Il faisait une de ces nuits splendides, comme on n'en voit que sous le ciel du sud, infiniment plus transparent que le nôtre. Nous fûmes reçus par une fantasia magnifique. Le goum (1) était réuni tout entier ; les chevaux des chefs arabes portaient tous des harnachements de la plus grande ri-

____
(1) Escorte envoyée par les tribus arabes.

chesse, avec des housses brodées d'or. Ils venaient tirer des coups de fusil, à bout portant,
devant le front de nos chevaux, pour faire honneur à leur nouveau commandant, et c'est au
bruit de la mousqueterie et des yan-yan des
femmes réunies sur les terrasses que nous en-
trâmes dans la ville. Cette brillante mise en scène,
ces maisons blanches sortant du milieu de la ver-
dure, la lune éclairant une forêt de palmiers,
tout cet ensemble formait un spectacle vraiment
féerique. Il nous impressionna d'autant plus ce
jour-là qu'il s'offrait à nous pour la première fois. »

En arrivant, le commandant se dirigea vers
l'église. Ensuite, il se rendit chez les Lazaristes
qui la desservaient. Comme ils se confondaient
en excuses d'avoir été prévenus, M. de Sonis
leur répondit :

— Quand je me rends dans une localité où il
y a une église et un prêtre, je vais d'abord adorer
le Saint Sacrement, le divin Maître, puis je me
présente chez son ministre. S'il y a une commu-
nauté religieuse, elle a ma troisième visite ; personne ne peut trouver mauvais que je fasse
passer Dieu avant les hommes, et ses représen-
tants avant les autorités du pays.

La mission du gouverneur de Laghouat était
pénible et délicate. Il fallait à la fois défendre les
possessions françaises contre des tribus turbu-
lentes dont la soumission n'était pas sincère, se
les attacher, et les châtier quand elles commen-

çaient à comploter. M. de Sonis comprit tout
d'abord les difficultés de sa tâche : il s'efforça de
les vaincre en associant la fermeté à la bonté. Il
s'empressa de faire l'inspection de son cercle, et
il émerveilla les Arabes par son talent excep-
tionnel d'écuyer.

« Comme cavalier, dit l'un de ses officiers, il
n'avait pas son pareil. Combien de fois ne l'ai-je
pas vu monté sur un cheval arabe indompté,
franchir les barrières, les rochers, les précipices,
et ne descendre de sa monture que quand la
pauvre bête, haletante, ruisselante, semblait demander grâce pour son dompteur. Les Arabes, si
bons cavaliers cependant, tombaient en admiration devant lui. »

Il fit sa première tournée pendant le Carême,
et malgré ses fortes raisons pour en tempérer les
austérités, il n'en voulut rien retrancher. Il ne
se permettait qu'un seul repas, placé à la fin de
ses journées. En agissant autrement, il eût craint
de fournir aux indigènes l'occasion de dire qu'ils
faisaient mieux leur Carême que les chrétiens.

Mgr Pavy lui avait promis sa visite. Il la fit en
avril 1860. Or, à cette époque, des Arabes insurgés avaient pénétré à Djelfa, qu'il fallait traverser
en venant d'Alger, et avaient assassiné un grand
nombre d'habitants. Le gouverneur se hâta de
prévenir Sa Grandeur par estafette. Il la priait
de s'arrêter, et de ne pas s'exposer à la mort en
continuant son voyage. L'évêque se contenta de

répondre au crayon : « Je ne m'arrêterai pas ; à la garde de Dieu. » M. l'abbé Suchet, vicaire général, accompagnait son évêque. Après lui avoir déclaré qu'il le suivrait *partout*, il lui fit cependant remarquer qu'il serait prudent de retourner sur ses pas, afin d'éviter les coups de fusil que les malfaiteurs ne manqueraient pas de tirer sur la voiture, s'ils la rencontraient. « Eh bien, répliqua Monseigneur, nous ferons route ensemble, et nous présenterons un bon passeport à saint Pierre. »

Dieu veilla sur les voyageurs. Ils arrivèrent sains et saufs à Djelfa. Les habitants, atterrés, s'étaient barricadés dans leurs maisons ; ils s'empressèrent d'en sortir pour s'agenouiller sous la bénédiction de leur évêque, qui avait exposé sa vie, afin de venir les consoler, et d'assister ceux qui avaient le plus souffert. Puis, Monseigneur continua sa route, et, le lendemain, il arrivait à Laghouat.

Cependant l'insurrection n'étant pas encore étouffée, M. de Sonis s'était hâté d'aller la réprimer. En quelques heures, il avait fait trente-six lieues, il avait poursuivi les malfaiteurs ; une sorte de conseil de guerre avait condamné à mort ceux qu'on avait pu arrêter, et il y avait déployé tant d'activité qu'il précéda son évêque à Laghouat. Il était au presbytère pour le recevoir.

Monseigneur trouva des accents éloquents et paternels pour exhorter les chrétiens accourus à son appel. Émerveillé de la riche végétation de l'oasis,

Il prit pour texte de son discours cette parole du prophète : « Le juste fleurira comme le palmier. » Son apparition et ses paroles produisirent dans tous les cœurs les plus salutaires impressions.

M. de Sonis avait averti, par dépêche, le maréchal Pélissier de l'exécution des assassins de Djelfa. Le gouverneur ne blâmait pas la mesure, mais il aurait voulu qu'elle ne fût pas ébruitée. La presse de l'opposition la connut, la répandit, et s'en empara pour soulever l'opinion contre le pouvoir. Afin de dissiper l'orage, Pélissier crut devoir désavouer son officier ; il lui ordonna de résigner ses fonctions et de revenir à son régiment.

Il n'avait exercé le commandement que pendant six mois à Laghouat, mais il devait y être rappelé quatre ans plus tard. Il refit avec sa famille la route pénible qu'il avait parcourue l'année précédente, et arrivé à Mascara il trouva l'armée toute disposée en sa faveur. Elle ne s'expliquait pas la décision qui venait de le frapper. Les usages de l'Algérie, les lois de la guerre, les exemples de ses prédécesseurs, tout militait pour sa défense. Aussi Pélissier comprit-il la faute qu'il avait commise. Il fit appeler M. de Sonis, et lui dit :

— Commandant, oublions ce qui s'est passé ; vous êtes l'homme du devoir.

Et il lui tendit la main.

Peu de temps après, il le nommait commandant supérieur du cercle de Saïda.

Saïda (qui signifie *heureuse*) est une ville nou-

vellement construite, au sud de Mascara, au pied
des collines qui bornent au nord la région des
plateaux. Le prêtre, alors curé de Saïda, a écrit
à Mgr Baunard : « L'arrivée du commandant et
de sa famille fut l'aurore d'une résurrection religieuse pour ma paroisse. Je pus le présager,
lorsque me disposant à aller le premier lui faire
ma visite, je vis entrer chez moi le brillant officier. Le lendemain matin, je le revis à la messe,
qu'il espérait, disait-il, avoir le bonheur d'entendre tous les jours.... Quelle consolation pour
le pasteur quand, à la suite du commandant et
de sa famille, il vit les militaires, les colons et
leurs femmes reprendre le chemin de l'église !
Ce bon exemple produisit l'effet d'une mission. »

A Saïda comme partout, M. de Sonis résolut
de se consacrer au soulagement et à l'amélioration
de ses administrés. Cependant la Providence ne
lui épargnait pas les épreuves, parce qu'elle voulait ajouter à ses mérites. Il perdit plusieurs
enfants, qui devinrent au ciel des anges gardiens
de la famille, mais dont la disparition lui fit verser
bien des larmes. L'invasion des États pontificaux,
les infamies des révolutionnaires en Italie affli-
gèrent ce cœur si chrétien, et lui inspirèrent plus
d'une fois le désir de se vouer à la défense du
Saint Père. La haine des impies augmentait son
amour pour l'Église et il gémissait de ne pouvoir
briser sa carrière pour se consacrer au service
de la religion.

Rien ne parvint à diminuer son ardeur pour l'accomplissement des missions qui lui étaient confiées. Il allait chercher les Arabes pour leur rendre justice et terminer leurs procès. Il admettait à ses audiences les pauvres comme les riches, n'avait de préférence pour personne, et son équité, s'associant à son dévouement, lui valut bientôt le titre de *grand marabout des Français*.

Un jour, un Arabe, richement vêtu, vint le trouver pour solliciter les fonctions de saïd ou juge. Il attachait beaucoup de prix à l'obtention de cette faveur. Aussi plaida-t-il sa cause avec chaleur. Quand il se vit à bout d'arguments, il sortit de sa poche un sac d'argent qu'il faisait sonner en souriant. M. de Sonis, indigné que cet homme ait cru pouvoir l'acheter, ordonne son arrestation, et le bureau arabe lui inflige quinze jours de prison pour avoir osé insulter le gouverneur.

Un autre jour, un riche étranger, officier au service de la France, profita d'une absence du commandant pour organiser, avec ses amis, dans le désert, une grande chasse à l'autruche. On forma un vaste cercle qu'on resserra peu à peu, afin que les chasseurs à cheval pussent tuer les autruches et poursuivre les fuyards. Beaucoup de chevaux, appartenant à des indigènes, périrent dans cette chasse, et le riche officier décida qu'ils seraient remplacés par les cotisations des habitants, assez heureux pour avoir conservé leurs montures. A son retour, M. de Sonis cassa cette sentence inique.

— Capitaine, dit-il, je vous autorise à choisir entre deux alternatives : ou bien on dressera de votre manière d'agir un procès-verbal que j'enverrai au général, ou vous donnerez à chaque Arabe la valeur du cheval qu'il a perdu.

L'officier préféra payer, afin d'étouffer une affaire qui eût porté atteinte à sa considération, et les indigènes célébrèrent une fois de plus l'esprit équitable de leur commandant.

En 1863, un sénatus-consulte attribuait aux tribus la propriété des terrains dont elles avaient la jouissance traditionnelle. Pour exécuter cette loi, il fallait commencer par délimiter les territoires. M. de Sonis fut nommé président d'une des commissions chargées de ce travail; il prit connaissance des titres arabes, souvent très difficiles à déchiffrer, et il écouta patiemment les longues observations des parties intéressées. Cette commission le retint longtemps à Mostaganem. « Voici cinq mois, écrivait-il à un ami, que je travaille comme un moine à cette besogne ardue. Que va-t-il m'advenir ensuite? Vais-je retourner à Saïda ou être attelé à un autre char? Dieu sait mieux que nous ce qui nous convient; je suis à bonne école pour briser ma volonté, mes goûts, mais je n'ai pas encore réussi à le bien faire. »

Au milieu des affaires les plus difficiles, la pensée de M. de Sonis se reportait sans cesse vers les

siens. A propos de la première communion de son
fils Henri, confié aux Pères Jésuites de Poitiers,
il écrivait : « C'est un grand chagrin pour sa mère
et pour moi de ne pouvoir assister à cette fête.
Conduire son enfant pour la première fois à la
table sainte, quelle douce joie! Mais Dieu veut
qu'il en soit ainsi : qu'il soit béni, toujours béni,
en tout et pour tout! Nous serons ici unis dans
le corps et dans le sang de notre divin Sauveur.
Malgré cette mer qui nous sépare, nous ne serons
qu'un ce jour-là, et cet Un ce sera Jésus lui-même,
le Maître, le divin Maître! Que le pauvre monde
est à plaindre de ne pas savoir cela! Et combien de
pères, séparés comme moi de tout ce qu'ils aiment,
seraient pourtant consolés s'ils pratiquaient cette
vérité ! »

Rentré à Saïda, M. de Sonis eut à se préoc-
cuper d'une insurrection qui avait éclaté dans le
Sud. Elle avait gagné du terrain. Une partie
d'une compagnie d'infanterie avait été massacrée ;
il fallait une prompte répression. Aussi le maréchal Mac-Mahon, successeur de Pélissier, décida-
t-il une campagne d'hiver, et M. de Sonis fut dési-
gné pour entreprendre cette expédition.

Avant son départ, il écrivait :

« Je me suis décidé à envoyer en France ma
femme et les deux enfants que j'avais avec moi.
Ma femme est partie avec l'espérance de devenir
mère une fois de plus, ce qui a rendu cette séparation doublement pénible. Elle s'est faite, en

quelque sorte, sur le tombeau de notre enfant (1).
Nous en avons baisé la pierre ensemble ; puis,
nous nous sommes séparés, elle pour s'embar-
quer, et moi pour me diriger vers le Sud. Le
cœur était gros, mais Notre-Seigneur nous a aidés
à porter notre fardeau. »

Cette campagne du Sud consista surtout en
une série d'engagements avec les indigènes révoltés. Sonis fut de tous les combats.

« Quel homme que ce Sonis! disait à cette
époque son colonel (le futur général Marmier), et
quel chrétien!... Nous n'avions quelquefois que
du cheval mort à manger, malgré cela il n'a
jamais fait gras le vendredi. »

M. de Sonis écrivait de son côté : « L'armée
a souffert, elle a souffert beaucoup. Pour moi, je
n'ai pas ce mérite; car Notre-Seigneur, qui me
gardait, a été pour moi d'une tendresse de père.
Le froid, la pluie, le vent, la neige, après un
soleil tropical, le pain remplacé bientôt par le
biscuit, l'eau bourbeuse des r'dirs, l'eau saumâtre
des puits du désert, tout cela a glissé sur moi
sans que j'aie eu la moindre peine à me raidir
contre ces misères. Ah! si j'avais encore besoin
de fortifier ma foi au surnaturel, je n'aurais qu'à
me considérer moi-même. »

Quand les indigènes semblèrent rentrés dans le
devoir et que la région fut pacifiée, les troupes

(1) Marthe, une petite fille chérie, s'était envolée de l'Algérie
au ciel.

retournèrent dans leurs garnisons, et le chef de bataillon revint à Saïda. A la suite de cette campagne (17 juin 1865), il fut nommé lieutenant-colonel au 1er spahis, et peu après il commandait la colonne mobile, envoyée dans le sud de la province d'Alger, avec Laghouat pour base d'opération. Là, ses talents militaires allaient briller d'un nouvel éclat.

A l'époque où il fut chargé de ce commandement, les insurgés étaient à peu près maîtres du pays. Ils avaient ravagé, pillé notre territoire, massacré les tribus fidèles à la France, et ils se disposaient à de nouvelles attaques. Pour en préparer le succès, ils semaient dans les groupes l'esprit d'insubordination, et faisaient miroiter aux regards les bienfaits de l'indépendance. M. de Sonis reconnut bien vite que le temps d'agir était arrivé; muni des autorisations nécessaires, il ne tarda pas à entrer en campagne. Déjà ses préparatifs étaient faits. Il avait eu la bonne idée de réunir autour de Laghouat près de deux mille chameaux destinés à transporter dans le désert les bagages, les vivres et les barriques d'eau.

Sa colonne se composait de deux bataillons d'infanterie, d'un escadron de cavalerie et de deux pièces d'artillerie. Elle campait à 1,500 mètres de Laghouat, dans des gourbis. On appelait ainsi des baraques construites rapidement par les soldats, avec des briques faites de sable et d'eau, cuites au soleil, de formes variées parfois pittoresques, suivant le goût et l'habileté de chacun.

Le contingent fourni par les tribus fidèles comptait six cents cavaliers armés, bien montés, dociles à leurs chefs. Les brillantes qualités et les rares vertus de M. de Sonis lui gagnèrent leur confiance, et il put toujours compter sur leur fidélité. Ils marchaient sans ordre, sans uniforme ; mais ils vivaient très sobrement, savaient se diriger dans le désert ; ils étaient passionnés pour la guerre ; leurs chevaux dépassaient en vitesse ceux de la cavalerie française ; ils la précédaient en éclaireurs, exécutaient les ordres avec empressement, et ils rendaient de précieux services.

L'expédition, commencée en automne, dura trois mois. Pendant les trente premiers jours, on fit des marches et des démonstrations toujours couronnées de succès ; puis on revint à Laghouat pour se ravitailler, et on se hâta de se mettre une seconde fois en campagne pour agir dans le sud de la province d'Oran, afin de couper aux insurgés la retraite qu'ils auraient pu se ménager. Arrivé dans la vallée de l'Oued-Metlili, M. de Sonis aperçut les hauteurs occupées par les insurgés. Aussitôt des chasseurs, gravissant les rochers, les obligèrent à la retraite, pendant que la cavalerie arrivait sur les rochers où l'ennemi s'était réfugié. Il fut poursuivi avec acharnement et mis en pleine déroute. Les prises furent très considérables de la part des troupes françaises, et bien plus encore de celle des cavaliers indigènes ;

on s'empara de plus de douze mille moutons et de trois cents chameaux. M. de Sonis aurait pu rendre son triomphe plus complet encore et s'enfoncer davantage dans le désert ; il aurait atteint le grand marabout qui avait manifesté son hostilité pour la France en semant çà et là des brandons de discorde ; mais ses instructions ne lui permettaient pas d'aller au delà du territoire auquel il était parvenu, et à la fin de janvier 1866, il rentrait à Laghouat à la tête de toute sa colonne.

Dans la maison d'un chef ennemi, il avait trouvé des douros espagnols pour la valeur de plus de 50,000 francs. Un agha, honoré de sa confiance, eut à ce sujet avec lui un entretien qu'il a consigné dans ses écrits.

— Commandant, lui dis-je, que comptez-vous faire de cette somme ?

— Mais c'est tout simple, je la verserai au trésor.

Je m'en montrai très étonné, et je répliquai :

— Le trésor est riche, la France dépense 10,000 fr. par jour pour l'entretien de la colonne ; elle n'a que faire de cet argent qui est votre butin, tandis que vous, commandant, avec votre maison qui est de plus de onze personnes....

Alors, me lançant un regard plein de sévérité, il reprit :

— Jamais.... Du reste, qu'est-ce que cela ? Un jour, mon corps n'entrera-t-il pas nu dans le tombeau ?

Pendant plus de trois mois, il n'avait pas couché dans un lit; il avait obtenu la soumission de tous les insurgés de l'Est, et il était entré à Metlili, bourgade ennemie dans laquelle aucune troupe française n'avait encore pénétré.

A propos de ses exploits dans le désert, le colonel Trumelet rend à M. de Sonis ce glorieux témoignage :

« Grâce à son entente parfaite de la guerre dans le Sahara et de la manière de combattre les populations des régions du désert; grâce à sa brillante et audacieuse énergie, à sa bravoure chevaleresque, à la rapidité de ses conceptions et de l'exécution de ses résolutions ; grâce au choix heureux de sa position défensive, à la sûreté de son coup d'œil : grâce à son remarquable sang-froid dans les moments difficiles, au prestige qu'il exerce aussi bien sur les indigènes que sur les troupes placées sous ses ordres ; grâce à son héroïque prudence qui n'abandonne rien au hasard, à sa sévérité honnête et impartiale ; grâce à toutes ces causes, la victoire est complète. »

Le rapport officiel, adressé au ministre de la guerre, disait à ce sujet : « Les populations, voyant que les régions sahariennes ne pouvaient plus leur offrir de refuge, se sont rendues à merci et ont imploré leur pardon. »

La révolte était très circonscrite ; les ennemis avaient dû se retirer dans une partie plus éloignée du désert, mais ils n'avaient pas rendu les armes,

et il fallut partir pour les combattre au commencement du printemps de 1866. Avant d'entreprendre cette nouvelle expédition, M. de Sonis
s'était à peine donné le temps d'aller chercher sa
famille au port d'Alger pour l'installer à Laghouat.

Il fixa le départ de Laghouat au 25 mars, *fête
de l'Annonciation*, afin de placer spécialement la
périlleuse entreprise sous la protection du divin
Sauveur. Il communia le matin, selon sa coutume,
pour inaugurer chacune de ses campagnes. Celle-ci
dura près de six semaines ; elle fut marquée par
des fatigues exceptionnelles et par des résultats
plus complets encore que les précédentes.

Dans ces régions si bien surnommées par les
indigènes les *terres de la soif*, les souffrances et les
privations des troupes furent nombreuses, mais son
chef en prenait à son compte la plus grande part.
L'anecdote suivante, racontée par le lieutenant
d'Harcourt, vient à l'appui de notre assertion :

« Le lieutenant-colonel, plus sévère pour lui
que pour les autres, n'admettait pas qu'on se
plaignît de la longueur de l'étape. Le premier à
cheval, il en descendait le dernier, quand le camp
était formé, les tentes dressées, les chevaux
entravés. Il n'était pas moins austère dans sa
nourriture que dans tout le reste. Quand, après
une marche du matin au soir, sans sacs, en selles
nues, on ne recevait pour chaque homme qu'un
biscuit et une ration de riz, le régime pouvait
paraître insuffisant à plusieurs. Un jour, un

zouave, de mauvaise humeur, s'oublia jusqu'à dire qu'il était commode au colonel de laisser mourir les hommes de faim, pendant que lui faisait bonne chère. Le propos fut rapporté à M. de Sonis, qui, le lendemain, se faisant indiquer le soldat mécontent, l'invitait à venir partager son repas. Le zouave, un peu confus de l'honneur qui lui était fait, mais consolé par l'espérance d'un bon petit régal, se rend, le soir, chez son chef. Là tous deux s'accroupissent sur une couverture, et l'on sert à dîner. Deux biscuits, du riz à l'eau (ce que les troupiers appelaient du riz cuit dans son jus), et une ration d'eau tiède dans une peau de bouc, en formaient le menu. C'était l'ordinaire du colonel, et ce fut tout le festin de son invité. On le sut, on en rit, et l'on marcha sans se plaindre. »

La petite armée s'élança dans les plaines arides et desséchées du Sud avec un entrain qui permettait d'espérer la victoire. Elle cherchait l'ennemi qui toujours se dérobait aux poursuites. Enfin, après bien des luttes contre les éléments, après nombre de journées où on souffrit la faim, la soif, et des fatigues extrêmes, on apprit, par les goums envoyés en éclaireurs, que l'un des marabouts les plus redoutés, Sid-el-Ala, était dans les dunes, à trois journées de marche, avec plusieurs douars révoltés. Aussitôt le commandant laisse derrière lui le reste de sa colonne, s'élance avec sa cavalerie régulière et ses goums. Il arrive au campement du marabout et met en fuite ses partisans, qui abandonnent environ sept cents chameaux avec des centaines de moutons. Quant à Sid-el-Ala, il s'était déjà retiré à vingt lieues plus loin. Le lieutenant-colonel se dirigea de ce côté, marchant jour et nuit pour l'atteindre; mais le fugitif ne s'y trouvait plus, il s'était encore enfoncé plus avant dans le désert. Une caravane chargée d'approvisionnements, des troupeaux considérables, des bagages de prix tombèrent alors au pouvoir des Français; ils s'emparèrent aussi de la tente de Sid-el-Ala. Elle contenait des bijoux de grande valeur, des vêtements magnifiques, et la selle de parade, brodée d'or et de pierres fines. Parmi les populations soumises à son autorité, les unes demandèrent leur pardon, et les autres se retirèrent sur le territoire marocain.

Le lieutenant d'Harcourt, en faisant le résumé de cette expédition, s'exprime ainsi :

« Ce dernier coup fut décisif. En ruinant les tribus rebelles par les razzias, en les poursuivant aussi profondément dans le désert, nous les avions mises pour longtemps hors d'état de nuire ; nous avions assuré, au sud de l'Algérie, plusieurs années de paix. »

Le 2 mai, M. de Sonis, à la tête de ses troupes, rentrait à Laghouat. Cette brillante expédition lui valut la croix d'officier de la Légion d'honneur. A Laghouat, comme dans ses autres résidences, ses devoirs militaires et chrétiens occupaient son temps et dépensaient son activité.

Il avait une ardeur d'apôtre, et il ne négligeait aucune occasion de dire ou de faire quelque chose d'utile aux âmes.

Un jeune militaire, M. Albert de Jayac de Lagarde, d'une noble famille du Limousin, s'était engagé dans un régiment de spahis, parce que M. de Sonis en faisait partie.

Il répondit à l'appel d'une mère veuve par la plus vigilante sollicitude et affermit dans la bonne voie son jeune subordonné.

Plus tard, il ramenait aux pratiques religieuses un officier, dont il parlait en ces termes à son vertueux ami, M. Lamy de la Chapelle :

« Pendant ma dernière expédition, il m'a été donné de goûter une bien grande consolation. Durant deux mois, j'ai assisté au réveil d'une âme qui s'est soulevée de son sommeil avec une progression d'efforts et de grâces vraiment merveilleuse. L'action de Dieu, toute douce qu'elle fût, était si sensible sur lui, que je la voyais grandir de jour en jour. Je me suis tendrement attaché à cet enfant, car c'est bien un enfant. Il s'agit d'un sous-lieutenant de zouaves, sorti l'année dernière de l'école ; il a l'air si jeune qu'on ne lui donnerait pas plus de quinze ans. Il a été élevé à la Flèche, où, contrairement à tout ce qui se pratique dans ce collège, il avait des habitudes de très tendre piété, au point d'aller adorer quelquefois le Très Saint Sacrement pendant ses récréations.

» Au sortir du collège, ces bons sentiments

ont été étouffés par le respect humain, les mau-
vaises compagnies, etc. Mais il avait gardé la plénitude de la pureté la plus virginale, ce qui, tout
de suite, m'a donné une confiance telle que je ne
doutai plus de sa conversion.

» Cette âme me parait destinée à faire honneur à notre religion dans le milieu où elle
est placée. Après beaucoup d'épreuves de tout
genre, de chagrins bien lourds à porter, le caractère de cet officier s'était empreint d'un sérieux
tout à fait au-dessus de son âge.

» Dès l'abord, je m'intéressai à sa conversion.
De son côté, il me témoignait beaucoup d'affection,
en retour de celle que je ne lui cachais pas et
dont il n'ignorait pas les motifs. Enfin, après une
lutte de trois mois, il est arrivé au port. Dieu en
soit béni! A la fin de l'expédition, il me quitta
pour entrer à Alger, et je l'adressai au supérieur
des Pères Jésuites de cette ville. Il a ramené à
Dieu cette chère brebis; il m'a raconté sa conversion et sa communion en termes délicieux. Lui-
même, voulant m'initier à son bonheur, m'a écrit
sur ce sujet une lettre de vingt pages que j'ai lue
et relue avec un plaisir renaissant.... Les âmes,
mon cher ami, quelle grande chose elles sont!
Et cependant, le siècle où nous vivons leur
accorde si peu de place! »

CHAPITRE III

M. de Sonis travaille efficacement à réprimer les abus et à faire régner la justice. — Édifiant emploi de ses journées. — Lettre de Lakhdar-ben-Mohammed. — Choléra et famine en 1867. — Embarras financiers. — Assistance de saint Joseph. — Insurrection des indigènes. — Brillante expédition. — Combat d'Aïn-Madhi. — Des services exceptionnels valent à M. de Sonis le grade de colonel. — Il commande la subdivision d'Aumale. — Napoléon III déclare la guerre à la Prusse (25 juillet 1870).

M. de Sonis aimait le séjour de Laghouat, parce qu'il voyait que là Dieu lui ménageait de nombreuses occasions de faire du bien, non seulement comme chrétien, mais aussi comme administrateur et chef militaire.

— Si je pouvais, disait-il, avoir ici tous les miens, je consentirais volontiers à y passer ma vie.

Les journées de M. de Sonis étaient très occupées. Il regardait avec raison le temps comme un trésor placé dans nos mains par la bonté de Dieu, pour acheter le royaume du ciel, et il n'en voulait rien perdre. Il se levait de bonne heure, faisait sa méditation, assistait à la messe, y communiait souvent, réglait toutes les affaires du cercle,

tenait sa correspondance à jour, montait à cheval
pour surveiller le domaine placé sous son gouvernement, et terminait par la prière en commun et
le chapelet. Les dimanches, sur son invitation, les
chefs de service l'entouraient à l'église et entendaient la messe avec lui.

Il entretenait les meilleurs rapports avec les
officiers et les fonctionnaires placés sous ses
ordres. Ceux même qui n'avaient pas le bonheur
de partager ses convictions ne pouvaient s'empêcher de le respecter et de l'admirer.

Il travaillait constamment sur son caractère
pour l'améliorer et le rendre plus aimable, plus
patient, plus dévoué. Il pratiquait, il recommandait souvent l'indulgence, le support, le pardon
des injures. Il affectionnait beaucoup les pauvres,
leur distribuait d'abondantes aumônes, et s'efforçait de les traiter avec les égards respectueux
dus aux membres souffrants du Sauveur. A
l'exemple de saint Vincent de Paul, il les regardait comme ses chers maîtres et seigneurs. Il
comparait un chrétien qui n'était pas charitable
à un désert de sable qui boit la rosée du ciel
sans produire un brin d'herbe. Enfin, il cherchait
à se pénétrer de l'esprit de mortification et de
pauvreté.

Pour administrer le cercle, pour diriger sa
colonne, il s'inspirait des pensées de la foi.

— Si l'état militaire s'appelait autrefois le
noble métier des armes, c'est, disait-il, parce

qu'il puisait dans la religion ses règles et son esprit.

Son commandement était à la fois ferme et poli. Quand les rapports lui signalaient des fautes, il s'en attristait, manifestait son mécontentement ; mais un regard sur le crucifix suffisait pour dominer sa vivacité.

Il exerçait une vigilance paternelle sur les troupes placées sous ses ordres. Elles étaient logées dans un camp situé en dehors de la ville.

Quand ses subordonnés étaient malades, il se hâtait de leur procurer, avec les remèdes du corps, l'assistance de l'aumônier. Que d'âmes lui ont dû le bonheur de se réconcilier avec le divin Maître avant de paraître en sa présence !

Dans toutes les difficultés, il avait recours à Dieu. Un jour, au retour d'une de ces expéditions qu'il faisait chaque année dans le Sud pour inspirer aux Arabes une crainte salutaire, ses troupes d'infanterie, suivies de nombreux chameaux, se déroulaient sur une longueur de plusieurs kilomètres. Tous les torrents sont à sec ; mais au moment où l'on s'y attend le moins, le tonnerre vient à gronder, le ciel s'obscurcit et la pluie va tomber, quand on se prépare à traverser une rivière desséchée, d'un kilomètre de largeur. Il fallait absolument la franchir, car on avait laissé sur la rive opposée le convoi des vivres, quand on avait poursuivi l'ennemi à toute vitesse, et ce convoi est l'unique ressource d'alimentation pour la colonne. L'orage menace d'éclater et de rendre le cours d'eau tout à fait infranchissable. Vite le commandant se met à genoux sur le bord de la rivière, prie avec ferveur et invoque spécialement la puissante intercession de saint Joseph. Il fut exaucé ; les premières gouttes d'eau tombèrent quand le dernier chameau eut traversé le lit du torrent, qui s'éleva bientôt comme un rempart, et intercepta toute communication entre les deux rives.

Les indigènes avaient pour leur commandant autant de respect que de sympathie. Lakhdar-ben-Mohammed, Agha des Larbâa, qui l'a beaucoup connu, lui rend, en langue arabe, un témoignage que nous nous reprocherions de ne pas reproduire.

« M. le général de Sonis, dit-il, fut placé par Dieu sur notre terre, comme à la porte de son royaume, pour mettre en lumière ce qui était dans les ténèbres.

» C'était un homme juste dans ses actions, ses paroles et son commandement.

» Sa bonté envers les Arabes était grande. Il la montrait dans sa politique et dans ses pensées à leur sujet. Il connaissait leur langue comme eux-mêmes, et tous leurs livres étaient ouverts à ses yeux.

» Les mensonges et les calomnies ne trouvaient pas la porte de son esprit. Par lui, les affaires étaient dénouées avec paix, et les cœurs débordaient de joie.

» Il était supérieur à ceux d'avant lui par l'intelligence de ses conseils, et son esprit plein de clarté connaissait toutes choses.

» Par lui, toutes les demandes justes étaient exaucées, et ceux que l'espérance avait trompés avaient encore part à ses largesses.

» Les hommes dont il était le chef se réjouissaient de sa visite; car sa générosité était immense, et ses dons sans cesse croissants.

» Il était de ceux qui sont tendres pour l'enfance et indulgents pour la vieillesse. Il n'a jamais renvoyé le mendiant qui demandait l'aumône.

» Du temps qu'il commandait, les richesses s'accrurent et les cavaliers se multiplièrent.

» C'était un valeureux guerrier que jamais les sabres n'ont fait reculer. Sa voix tonnait dans les jours de combat, et son cœur était ferme au milieu de la bataille.

» Sa poitrine portait de nombreuses étoiles, et sa taille était ceinte d'une épée victorieuse.

» Il était le plus brillant des cavaliers; il montait de superbes juments noires qui buvaient l'air.

» Sa piété le rendait agréable à Dieu, et sa religion faisait notre amour pour lui.

» Tous ses jours étaient autant de fêtes qui ajoutaient à sa gloire.

» Il aimait et honorait les Arabes de mérite; il donnait aux vaillants des décorations et des exemptions d'impôts.

» Ainsi nous l'avons servi avec fidélité, comme étant un digne représentant de la France, et nous ne cessons de parler de lui pour le glorifier et le bénir de ses bienfaits. »

L'officier français qui a recueilli cet hommage touchant rendu au nom des indigènes de l'Algérie, ajoute :

« Depuis bientôt neuf ans que je suis dans le sud de la province d'Alger en qualité d'officier des affaires arabes, j'ai constamment entendu parler du général de Sonis avec un sentiment de respectueuse admiration. Ce qui surtout chez lui a frappé les indigènes, c'est sa foi religieuse qui était éminente. Lorsqu'ils prononcent son nom, ils l'appellent encore *Moula-ed-Dine* (maître en religion.) C'est la qualification qu'ils réservent à leurs chefs les plus honorés. »

Suivant une pensée familière aux Arabes, la vie de M. de Sonis était comme un livre où il n'inscrivait que de bonnes actions. Rien ne lui paraissait à négliger quand il s'agissait d'augmenter le bien-être de son prochain et de le conduire à Dieu. Il aspirait à ce but ; il l'atteignait par l'énergie de sa volonté et son intelligente activité. Il a prouvé, par son exemple, qu'en se dévouant jusqu'à l'héroïsme, on perpétue en quelque sorte son existence ici-bas, tandis qu'on se prépare la récompense impérissable du ciel.

Nous venons de voir comment il comprenait les devoirs de sa carrière militaire. Il accomplis-

sait avec une rare perfection ceux de son existence privée. Il fut un mari, un père, un parent,
un ami modèle. Il pratiquait admirablement les
règles de l'affection chrétienne, de cette union
intime entre deux âmes qui veulent s'aider à
marcher dans la voie droite.

« Les cœurs qui aiment pour l'amour de Dieu,
disait-il avec Fénelon, aiment plus solidement
que les autres, tandis qu'une amitié d'amour-
propre n'est pas de grande fatigue, tandis qu'elle
est de grand entretien. »

L'absence de ses amis ou leur disparition ne
les exposait ni à l'indifférence ni à l'oubli. Il
pensait à eux, priait pour eux et leur donnait
rendez-vous dans le Cœur de Jésus. C'est là qu'il
puisait à sa source la charité; il en remplissait son
âme et la répandait ensuite au profit de ses
frères. Il était heureux quand il était entouré de
tous les siens.

Les vacances de 1868 lui procurèrent cette
joie; elles permirent à toute la famille de Sonis
de se trouver ensemble à Laghouat. Neuf enfants
entouraient leurs parents, et le chiffre se fût
élevé à onze, si deux petits anges n'étaient
partis pour le ciel. Une fille aînée, ses études
terminées, était alors au foyer domestique et
donnait des leçons aux plus jeunes. L'aîné des
fils se préparait à Saint-Cyr, le second aspirait à
servir dans les zouaves pontificaux. Le bonheur
de se retrouver ensemble eût été sans nuage, si

François, à peine âgé de quelques mois, ne fût
tombé gravement malade à la fin des vacances.
Durant quatre mois, l'enfant fut en danger.
« Durant ce temps, écrivait le bon père, ma
femme et moi nous nous sommes remplacés auprès du berceau. Personne autre que nous n'a
veillé, la mère restant jusqu'à une heure du
matin, heure à laquelle je commençais ma journée. Que de fois ni l'un ni l'autre n'avons voulu
prendre même quelques moments de sommeil!
Ai-je besoin de dire nos prières, nos neuvaines?
Trois fois on a cru l'enfant mort. Mais Dieu est
vraiment bien bon. Notre petit François est maintenant sauvé, et il se remet promptement de cette
maladie cruelle, causée par le climat dévorant du
pays. »

Le climat n'était pas étranger à d'autres fléaux.
Ainsi le choléra fit de nombreuses victimes qui
moururent avec une foudroyante rapidité. Puis,
dans l'été de 1867, la chaleur s'élevant chaque
jour jusqu'à 45 degrés, il survint alors une
sécheresse qui empêcha les récoltes de mûrir.
Les troupeaux périrent faute d'alimentation suffisante, et les sauterelles, arrivant par millions,
achevèrent de dévorer les dernières ressources
de la campagne. Les indigènes eux-mêmes tombèrent victimes de la faim.

M. de Sonis écrivait : « Nous assistons à un
affreux spectacle, la famine, dans toute la terrible vérité de ce mot, et sous cet épouvantable

aspect que je n'avais connu que dans les livres, et que j'avais pris pour une image exagérée. Nos pauvres Arabes meurent de misère : on trouve leurs cadavres sur les routes, sous la tente, partout enfin ! La charité se multiplie sous toutes les formes, sans que ses efforts puissent être autre chose qu'une goutte d'eau dans la mer. Pour mon compte, après avoir fait tout ce que je peux, je souffre bien cruellement de mon impuissance.... Mgr l'archevêque (S. E. le cardinal Lavigerie) a créé un orphelinat où près de mille enfants indigènes ont été déjà recueillis, et l'on se demande comment cette œuvre pourra être continuée avec les énormes dépenses qu'elle entraîne. Mais Dieu a ses secrets ; il en est un bien profond, c'est l'agonie dont la Providence semble vouloir se servir pour ramener à la vérité ce pauvre peuple infidèle. Ces mille orphelins, recueillis par la charité catholique, ne seront-ils pas un jour les chefs de mille familles chrétiennes, et une pépinière d'âmes pour le ciel ? . . . .

» .... J'ai ramené de mon dernier voyage à Géryville huit petits enfants abandonnés, qui se mouraient de froid et de faim. Je les ai mis sur mes chameaux, je les ai nourris, puis je les ai fait partir de Laghouat pour Alger, où je les adresse à Monseigneur »

En 1868, M. de Sonis eut à se réjouir de voir arriver à Laghouat des Pères de la Compagnie de Jésus, pour travailler à la conversion des Arabes ;

et aussi des Sœurs de la Doctrine chrétienne pour
élever les enfants. Il seconda de tout son concours
cette double entreprise, si précieuse pour le salut
des infidèles.

Il avait organisé des secours extraordinaires
pendant les calamités de ces dernières années.
Il avait procuré du travail, des vivres, et avait
fait des sacrifices qui dépassaient la mesure de
ses ressources. Puis, quand les fléaux avaient
cessé de sévir, il avait eu à recevoir de nombreux touristes, pour lesquels les hôtelleries de
Laghouat n'auraient pas offert des abris conve-
nables. De là un déficit dans sa caisse et une
dette de 7,000 francs qu'il dut constater. Au
mois de mars, consacré à saint Joseph (1868), il
eut la pieuse pensée de s'adresser à ce puissant
protecteur des familles chrétiennes, et il lui promit que, s'il obtenait la somme dont il avait besoin,
il témoignerait sa reconnaissance, en faisant, tous
les ans, une neuvaine en son honneur. Le lendemain, dans une lettre écrite à l'un de ses amis,
président des conférences de Saint-Vincent de
Paul à Alger, M. Melcion d'Arc, il lui parlait de
son embarras et du vœu qu'il venait de former.
Ce confrère, édifié, ému, va trouver un homme
à la fois riche et charitable ; il lui raconte le trait
qui le touche, et celui-ci s'empresse de dire en
versant des larmes :

— Je n'avais pas encore reçu de mission de
saint Joseph, mais évidemment il m'en donne

une aujourd'hui, et demain j'enverrai, de sa part, 7,000 francs à Laghouat.

Le lendemain, sept billets de mille francs étaient adressés à M. de Sonis avec ces seuls mots : *De la part de saint Joseph.*

Pendant plusieurs années le secret fut gardé, et M. de Sonis remerciait saint Joseph, sans se douter de la personne qui s'était constituée son généreux interprète. Cependant, un jour, il lui vint en pensée que M. Melcion d'Arc lui avait fait ce cadeau. Il s'en ouvrit à son ami qui, ne voulant pas paraître avoir un mérite qui n'était pas le sien, signala l'auteur de la générosité. Dès qu'il le connut, M. de Sonis lui écrivit une lettre pénétrée de reconnaissance, s'imposa de sérieux sacrifices, et malgré des refus réitérés, il finit par obtenir la permission de restituer la somme que saint Joseph avait inspiré la pensée de donner.

Les troupes françaises et surtout leur chef avaient paru si redoutables aux tribus ennemies et à leurs marabouts que, pendant cinq ans, elles restèrent sur les frontières du Maroc sans oser en franchir les limites. Mais la famine de 1868 et son cortège de souffrances ranimèrent leur soif de butin et leur passion pour la guerre. Elles s'y préparèrent sérieusement dès le commencement de 1869. M. de Sonis, que ses affaires avaient appelé à Alger, revint en toute hâte à Laghouat, traversant avec une incroyable rapidité les cent-vingt lieues qui séparent les deux villes. Il prit promptement les mesures les plus propres à préserver nos possessions ; puis, il jugea que le moment était venu d'aller attaquer ceux qui avaient résolu de fondre sur nous. Il partit pour le désert avec une troupe de 1,000 hommes, ses goums et ses chameliers. Il avait aussi un chef arabe plein de courage et de dévouement, qui vint pour faire campagne avec vingt-trois cavaliers. Quand il apprit la résolution d'attaquer les insurgés, comme il les savait quatre fois plus nombreux et bien armés, il crut à un échec. Mais dès que son chef lui eut donné les ordres, il ne se permit pas de formuler une objection, il lui serra la main et lui dit :

— Eh bien, nous mourrons avec toi.

Or, pour comprendre toute la générosité du sacrifice auquel se résignait El-Lakhdar, il faut se rappeler que, d'après les croyances arabes, celui qui meurt sous le drapeau de l'Islam entre aussitôt en paradis, tandis que celui qui est tué sous l'étendard des infidèles est à jamais privé du bonheur de l'autre vie.

Le colonel Trumelet raconte ce trait dans son histoire de la campagne, et il ajoute : « Un homme qui sait inspirer de tels sentiments et amener à de tels sacrifices est incontestablement un homme de grande valeur. »

On savait qu'on trouverait les ennemis à Aïn-Madhi : on se dirigea de ce côté. On avançait avec une lenteur calculée, en gardant un silence absolu. Un matin, on aperçut les rebelles. Ils attendaient de pied ferme, sur une crète abrupte, difficile à gravir ; ils comptaient sur la victoire, tandis que la colonne française était engagée dans une vallée très profonde. Dans ces conditions, un combat pouvait avoir pour la domination française des suites désastreuses. Le commandant, avec son coup d'œil d'aigle, se rendit bien vite compte de la position, et se hâta d'ordonner un mouvement pour la modifier. Au lieu de marcher toujours droit devant lui, il prescrivit, à soixante mètres de l'ennemi, une conversion à droite, qui plaça ses troupes dans des conditions avantageuses en leur évitant la colline escarpée qu'il eût fallu franchir péniblement, sous le feu des adversaires. L'habile manœuvre assura la victoire. L'ennemi fut mis en pleine déroute. Cette glorieuse bataille porte dans l'histoire le nom d'Aïn-Madhi : elle n'en était éloignée que de six kilomètres.

M. de Sonis voulut que les rebelles fussent énergiquement poursuivis. Immédiatement il forma une colonne, installa le reste de ses troupes à peu de distance du champ de bataille, les mit à l'abri de toute surprise, et après avoir accordé quatre heures de repos à ses hommes, il partit avec eux pour harceler les vaincus. Les tribus épouvantées demandèrent le pardon, promirent de rester désormais soumises ; d'autres se réfugièrent dans le Maroc, et bientôt il ne resta plus aucune trace de révolte dans le Sahara.

NAPOLÉON III

Revenu à Laghouat, il y reçut un accueil enthou-
siaste. Peu de jours après son retour, il assistait à
la naissance d'une petite fille, son douzième et
dernier enfant. Elle fut baptisée sous les noms
de Marie-Paule-Philomène, et placée sous la protection de cette dernière sainte, qui avait obtenu
pour la famille des grâces signalées.

Le général, commandant la subdivision de Mé-
déah, adressait quelques jours plus tard au maréchal Mac-Mahon un rapport dans lequel on lisait :

« Le lieutenant-colonel de Sonis vient de se
couvrir de gloire et de rendre un grand service
au pays, en arrêtant l'ennemi à l'apogée d'un
succès qui pouvait avoir les plus graves consé-
quences. »

L'empereur fit adresser des félicitations à
M. de Sonis, et lui offrit la *Vie de César* qu'il
venait de publier.

Dès 1868, une proposition extraordinaire d'a-
vancement avait été faite pour reconnaître les
services exceptionnels de ce brillant officier. Son
expédition hâta sa nomination au grade de colonel (26 février 1869). Au commencement de
l'année suivante, il dut quitter Laghouat où il
laissait d'amers regrets, et aussi de grands
exemples, restés gravés dans bien des cœurs. Il
était appelé à commander la subdivision d'Aumale.

Au lieu de s'enorgueillir de ses succès, le colonel de Sonis s'en détachait toujours davantage, et
les offrait à Dieu.

« Le mieux est de se mettre entre ses mains, écrivait-il, et c'est ce que je fais. Plus je vis, plus mon cœur s'isole des intérêts de ce monde, auquel je ne tiens, en toute vérité, que par mes affections de famille et par quelques relations sûres.... Je suis à Dieu de plus en plus, et, comme disait le P. de Ravignan, non seulement jusqu'au cou, mais par-dessus la tête. »

Aumale est une ville de 6.000 âmes, construite en 1846, sur les ruines de la cité romaine d'Auzia, et fortifiée de manière à devenir un point stratégique important. Son nom est un hommage rendu à l'un des fils du roi Louis-Philippe. Elle est située au milieu d'une couronne de montagnes.

L'une d'elles produit, à son sommet, des prairies fertiles dont les herbages nourrissent de très nombreux troupeaux. Voilà pourquoi les Arabes disent : « Des ruisseaux de lait coulent de ces collines. » La ville n'a qu'une seule rue, fort longue, coupée dans sa moitié par un jardin public. Ses foires et ses marchés sont renommés ; ils attirent en foule les vendeurs et les acheteurs.

Dès son arrivée à Aumale, le colonel de Sonis prit possession de son commandement, et profita de la pacification à laquelle il avait si puissamment contribué pour se livrer plus que jamais à l'étude de la guerre en bataille rangée. Puis il entretenait une correspondance active avec ses enfants, avec les maîtres pieux, habiles, auxquels il avait confié leur éducation. Il avait alors trois fils qui se préparaient à Saint-Cyr. Il voulait en faire non seulement de bons militaires, mais avant tout de sérieux chrétiens.

« Puissent-ils comprendre, écrivait-il, que le métier des armes, entendu comme l'entendaient nos aïeux, n'est qu'une suite non interrompue de dévouement et de détachement des biens périssables. »

Il veut pour ses fils une complète instruction religieuse, il insiste sur l'importance de la grande affaire du salut qui doit dominer toutes les autres. Il tient à ce que l'humilité, inspirée par la foi, vivifiée par l'amour de Dieu, soit la base de leur conduite. L'orgueil est la racine de tous les vices, c'est une lèpre qu'il faut détruire à tout prix. Ce vice nous rend odieux au ciel et à la terre, tandis que la modestie nous attire les bénédictions du Seigneur et les sympathies des hommes.

« Apprenez de moi, dit Jésus-Christ, que je suis doux et humble de cœur, et vous trouverez le repos de vos âmes. »

Conformons-nous, disait M. de Sonis, à ses enseignements. D'ailleurs l'humilité ne consiste pas à nier les avantages que nous avons reçus, ni les vertus que nous pratiquons, mais il faut les rapporter à Dieu de qui nous les tenons, à qui nous aurons à en rendre compte un jour, et à les regarder comme de puissants motifs de reconnaissance.

Du reste, l'humilité bien comprise n'exclut ni

la distinction des manières, ni celle du langage, ni cette noble fierté qui consiste dans l'intrépidité, l'élévation des idées, et la passion du devoir. C'est l'ensemble de ces vertus qui forme le chrétien appelé à vivre dans le monde ; M. de Sonis qui les possédait en comprenait la valeur, et s'efforçait de les transmettre aux héritiers de son nom.

Il recommandait souvent à ses fils la prière, la méditation, l'union avec Dieu. Il importe de comprendre, leur répétait-il, combien nous avons besoin de l'aide de Dieu ; c'est une grâce accordée à ceux qui savent la demander avec force.

« Lui-même, dit Mgr Baunard, connut, à cette époque, la puissance de la prière, car il lui dut le retour de son frère à ce christianisme pratique dont il lui montrait le chemin. Voici comment le grand pas fut franchi. Le colonel de Sonis était allé à Paris dans les premiers mois de 1869, et il s'était rendu, dès la première matinée, à Notre-Dame des Victoires où il avait communié. Déjà il s'empressait d'aller voir son frère lorsqu'il le rencontra sortant de son hôtel.

» — Quoi ! dit Théobald de Sonis, toi déjà ici ! Et d'où viens-tu donc à cette heure ?

» — De Notre-Dame des Victoires. Ma première visite devait être pour elle, ma seconde allait être pour toi.

» Les deux frères se donnèrent rendez-vous pour le déjeuner. Théobald continua sa route. Il se disait en marchant : « Il revient de Notre-Dame des Victoires ; et moi, son frère, pourquoi n'irais-je pas comme lui. » Obsédé par cette pensée, ou ce qu'il appelait lui-même cette voix intérieure, il marchait tout rêveur dans cette direction, quand il se trouva devant la porte de l'église. C'était là que Dieu l'attendait. Il y entra, il y pria, il s'y confessa, il y communia. Quelques heures après il était dans les bras de Gaston et lui faisait ce récit. Ils n'avaient jamais été tant frères que ce jour-là. »

La joie que M. de Sonis en ressentit se retrouve dans toutes ses lettres.

« Vous savez sans doute, écrivait-il au mois de mai, que mon frère, sans être hostile, se tenait depuis longtemps éloigné des sacrements : aujourd'hui il est tout à Dieu. C'est une grande grâce que j'attribue aux prières de nos sœurs carmélites. »

Tandis qu'il se dévouait à maintenir la paix en Algérie, à y fortifier la puissance de la France, et à éclairer les indigènes, le monde catholique écoutait avec joie la proclamation du dogme de l'infaillibilité doctrinale du Souverain-Pontife ; mais hélas ! l'empereur Napoléon III, aveuglé par son entourage, trompé par la diplomatie étrangère, allait conduire la France aux abîmes.

La victoire remportée à Sadowa sur l'Autriche par les Prussiens avait établi la prépondérance des vainqueurs sur les principautés allemandes, elle devint l'une des principales causes des désastres de 1870.

Elle avait fait voir à Napoléon III le danger du principe des nationalités qui avait créé l'Italie et qui allait former sur nos frontières un nouvel empire germanique. Il aurait voulu reculer, mais il jugea qu'il était trop tard. Il craignit les vengeances des révolutionnaires et il se décida pour la guerre, malgré l'infériorité de ses ressources. Elle fut déclarée le 25 juillet 1870, sans que la France eût un plan de campagne arrêté, tandis que la Prusse avait médité et adopté le sien depuis longtemps.

Le 28 de ce mois, l'empereur découragé, très souffrant, accompagné de son jeune fils, quittait les Tuileries qu'il ne devait plus revoir, et allait prendre le commandement en chef de l'armée.

CHAPITRE IV

Après de vives instances M. de Sonis obtient d'être appelé à l'armée de guerre. — Nommé général de brigade, puis général de division et commandant de corps d'armée, il compte dans ses troupes les zouaves pontificaux, appelés alors les volontaires de l'Ouest. — Ses relations avec le baron de Charette. — Patay. — Loigny. — Prodiges de valeur, opérés par le général de Sonis. — Fracture de la jambe et du genou gauches. — Nuit du 2 au 3 décembre 1870. — Longues et vives souffrances. — Le presbytère de Loigny. — Séjour de convalescence à Reverseaux, à Castres. — Pèlerinage de Lourdes. — Voyage d'Anvers. — Commission d'enquête parlementaire. — Livre de M. de Freycinet. — Célébration par le général de Sonis du premier anniversaire de la bataille de Loigny.

Dès que la grave nouvelle parvint en Algérie, M. de Sonis prépara son départ. Comme on ne l'appelait pas, il sollicita son rappel. On se battait contre nos ennemis, et il était éloigné du théâtre de la guerre : il en souffrait beaucoup ! On ne voulut pas d'abord exaucer sa prière, parce qu'on supposait sa présence très utile en Algérie pour maintenir les indigènes dans la soumission. Nos désastres augmentaient son vif désir de faire campagne. Il renouvela plusieurs fois ses instances sans plus de succès. Cependant le 20 octobre, six semaines après la lamentable capitulation de Sedan qui avait été suivie de la captivité de Napoléon III, de la chute de l'Empire et de la proclamation de la République, M. de Sonis recevait sa nomination de général de brigade avec l'ordre de prolonger son séjour à Aumale. Quelques jours plus tard, il écrivit au ministre de la guerre que s'il n'était pas appelé sur les champs de bataille, il donnerait sa démission, afin de pouvoir se battre comme volontaire.

La réponse, cette fois, ne se fit pas attendre. Elle l'appelait à rentrer en France, pour commander à Blois une brigade de cavalerie, et prendre part aux opérations de l'armée de la Loire. Bientôt il était à Tours, après avoir laissé Mᵐᵉ de Sonis et les plus jeunes enfants prendre le chemin de Castres. Il avait autorisé ses trois fils aînés, dont le plus jeune n'avait que seize ans, à s'engager pour aller défendre la patrie, et Théobald son frère était dans l'armée du Rhin.

Tours était devenu pour ainsi dire la capitale de la France, le gouvernement s'y était réfugié, le général de Sonis se présenta vainement au ministère pour demander quelle était sa brigade et où il pourrait la trouver. Il y avait tant de désordre dans les bureaux que ses recherches demeurèrent infructueuses. D'ailleurs avant d'avoir pu prendre le commandement qui lui était attribué il était nommé général de division, puis commandant du 17ᵉ corps d'armée.

— Obligé d'obéir aux ordres et contre-ordres envoyés par le gouvernement, il parvint à savoir, après des allées et venues diverses, qu'il comptait dans les troupes de sa dépendance un bataillon d'infanterie de marine, les mobiles des Deux-Sèvres, du Gers, les fusiliers marins et les volontaires de l'Ouest. — Comme commandant de corps d'armée il eut sous ses ordres la première et la deuxième division. Il dut partir immédiatement pour le camp de Saint-Laurent-du-Bois, le long de la forêt de Marchenoir, afin de travailler à organiser les forces qu'il était chargé de mener à l'ennemi.

Les volontaires de l'Ouest étaient commandés par le baron de Charette. Ils arrivaient de Rome où ils avaient vaillamment défendu les États du Saint-Siège, sous le nom de zouaves pontificaux. Ne pouvant plus combattre pour l'Église, ils s'étaient empressés de venir servir la France. Leur colonel avait reçu de M. Dupont, surnommé le saint homme de Tours, un étendard envoyé par les religieuses de Paray-le-Monial. Ce drapeau portait les insignes du Sacré-Cœur de Jésus, entouré d'une couronne d'épines et surmonté d'une croix. On y lisait ces mots : *Cœur de Jésus, sauvez la France*. Sur le revers, on avait brodé l'invocation suivante : *Saint Martin, protégez la France.* Quelques semaines plus tard cet étendard devait flotter sur un champ de bataille, où s'opérèrent des prodiges de valeur.

Obligé de s'éloigner, avant d'avoir pu s'entendre avec le baron de Charette, il voulut du moins lui adresser la lettre suivante :

« Je vous connais, mon Colonel, depuis long-temps, car il n'est pas un cœur chrétien qui puisse ignorer votre nom, sachant déjà ce que l'histoire lui avait appris de votre héroïque aïeul. Arrivé hier à Châteaudun, je me proposais d'aller vous voir aujourd'hui et j'avais demandé les renseignements dont j'avais besoin, à cet égard, à l'un de vos jeunes zouaves. Je ne puis me donner ce plaisir, recevant l'ordre de partir avec ma division, mais avant de quitter votre voisinage, je veux saluer votre belle, votre héroïque troupe dans son admirable chef, et vous dire que je vénère tout ce que vous vénérez, que j'aime tout ce que vous aimez. Dans ces tristes temps, c'est une consolation de mourir au milieu de braves gens comme vous, et de pouvoir se dire que Dieu n'abandonne pas la France, puisqu'elle a encore des enfants fidèles.

» Adieu, mon Colonel, je mets une main dans la vôtre, et vous prie de partager ensemble prières et sacrifices. »

A peine avaient-ils reçu cet appel si sympathique que les volontaires partirent pour aller rejoindre le 17e corps.

« Ils marchaient bravement, dit M. Jacquemont, derrière des chefs dignes de toute leur confiance. On voyait avec surprise, dans ces files de soldats qui s'avançaient d'un pas léger et résolu, des têtes d'enfants et des têtes de vieillards, mêlées à celles des jeunes gens. Ici, une longue barbe blanche, c'est le marquis de Coislin, officier sous la Restauration, champion royaliste en 1832.... Là, c'est le comte de Bouillé, qui a suivi son fils, et son gendre, M. de Cazenove. Ces courageux et ces vaillants n'ont pas voulu les grades des gardes nationales et se sont faits soldats, parce que c'est la seule manière d'entrer dans les zouaves. »

Les autres troupes, placées sous les ordres du général de Sonis, étaient bien loin de ressembler aux volontaires. Il rencontra des difficultés insurmontables, pour faire, en peu de temps, des soldats avec des hommes qui n'avaient ni discipline, ni soumission. Bientôt il apprit que la première ligne de défense de notre armée avait dû se replier devant des ennemis très nombreux. Il se hâta de se fortifier sur la rivière de la Conie, et de se relier au 16e corps, placé sous les ordres du général Chanzy, avec le presbytère de Marboué comme quartier général.

« Après dix-huit ans passés, dit M. le curé de cette paroisse, je vois encore ce chrétien, ce soldat, qui pendant huit jours habita sous mon toit; tout mon cœur en est rempli!... Je l'admirais à cheval, commandant ses troupes, présent partout, prévoyant tout, faisant sentir à tous son action, et communiquant aux autres l'ardeur dont il brûlait. Il était toujours sur pied, on eût dit que le som-

meil lui était inconnu. Une nuit, l'ayant trouvé
dans le pauvre cabinet qu'il appelait son bivouac,
étendu tout habillé sur un méchant lit, dont il
n'avait pas même ouvert les draps, avec son seul
manteau pour couverture, je lui dis :

— Quoi, général ! ainsi couché par une nuit si
froide, dans cette chambre humide.

— En campagne, me répondit-il, saint Louis
ne se déshabillait pas.

Je pourrais parler de sa foi profonde, de cette
prière du soir, à laquelle il conviait si dignement
ses officiers, de ces confessions fréquentes, de
ces communions de chaque jour, faites dès l'aurore, à la lueur de quelques lampes fumeuses,
sous les regards des soldats qui avaient trouvé le
repos de la nuit dans mon église ; puis, à la suite
de la communion, ces chaudes exhortations de
piété et de patriotisme adressées à ses compagnons qui en étaient attendris. »

L'ennemi se rapprochait des troupes françaises
et le général attendait avec impatience l'ordre
d'aller le combattre. De concert avec le général
en chef de l'armée, il partit avant le jour de
Marboué pour se porter dans la direction de Brou.
C'était dans les derniers jours de novembre, la
neige et la glace rendaient la route difficile pour
des troupes mal chaussées, mais l'énergie du chef
s'efforçait de se communiquer aux soldats. Ils
attaquèrent avec vigueur la colonne prussienne
qui répondit par un feu très nourri, ils s'élan-

cèrent sur leurs ennemis à la baïonnette et ils restèrent maîtres du champ de bataille. Ce combat décida l'aile gauche du duc de Mecklembourg à se replier sur Châteaudun, il fit honneur aux bataillons engagés dans l'affaire, et au général qui les avait si bien commandés.

Revenu à Marboué, il aurait voulu se porter en avant, mais il reçut l'ordre de battre en retraite, de se diriger vers la forêt de Marchenoir : il fallut obéir.

Cependant le cercle formé par les Allemands se resserrait de plus en plus. Ils avaient réuni toutes les forces dont ils pouvaient disposer ; on comprenait qu'on se préparait pour une bataille décisive. Elle fut livrée le 2 décembre.

Écoutons le récit de cette journée par Mgr Freppel.

« .... Voyez-vous dans la petite église de Saint-Péravy, le 2 décembre, à trois heures du matin, ce groupe de jeunes officiers qui, entourés de leurs soldats, se préparent à la lutte par l'assistance à la messe et par la sainte communion ? Avant d'accomplir à leur tête ces actes de foi, le général de Sonis qui les commande leur a dit :

» — Quand on porte Dieu dans son cœur, on ne capitule jamais....

» A la voix du général de Sonis, les zouaves pontificaux déploient l'étendard du Sacré-Cœur, et s'élancent en avant pour reprendre Loigny. Ils ont entendu cet appel du général :

» — Montrons ce que peuvent des héros, des hommes de cœur.

» Et ils ont répondu par la bouche d'un (1) de leurs chefs les plus intrépides :

» — Merci, général, de nous avoir menés à pareille fête.

» Ils s'avancent au cri de : « Vive la France ! Vive Pie IX ! » avec la douleur de ne pas se voir soutenus par d'autres comme ils auraient dû l'être. Devant un pareil élan l'ennemi recule, abandonnant la ferme de Villours ; les zouaves avancent encore, entraînant à leur suite quelques hommes, encouragés par leur exemple, lorsque, d'un bois voisin, une terrible fusillade les accueille à bout portant. Le général est atteint d'une balle qui lui brise le genou. Deux cents braves tombent à ses côtés, autour de la bannière que leurs chefs, blessés tour à tour, se passent de main en main, mais les zouaves, décimés avancent toujours, chassant les Prussiens devant eux ; ils entrent dans Loigny, s'y retranchent, et il faut que le général Treskow engage sa dernière réserve, en y joignant toutes les troupes luttant aux environs, pour refouler vers Villours les débris de ce bataillon sacré. La bataille de Loigny était perdue, mais jamais la bravoure, soutenue par la foi, n'avait fait briller d'un plus vif éclat l'honneur du nom français. »

Sonis, Charette et leurs zouaves ont pu dire,

____

(1) Le commandant de Toussures.

après François Iᵉʳ, que l'honneur était sauvé, et il est permis d'ajouter que si le corps d'armée avait suivi leur exemple, l'histoire aurait pu enregistrer dans ses annales l'une des plus brillantes victoires que la France eût jamais remportées.

« Et maintenant, continue Mgr l'évêque d'Angers, que dire de celui qui avait montré le chemin du sacrifice et de l'honneur à ces héroïques jeunes hommes? Il est là, étendu sur le champ de bataille, baigné dans son sang, et n'ayant, pour oreiller, que la selle de son cheval. Sur son instante prière, ses officiers se sont éloignés de lui, le laissant seul, pour aller exécuter ses derniers ordres. Bientôt il voit, il entend le flot de l'armée ennemie, passer, repasser sur lui, et autour de lui. La nuit est venue, nuit cruelle, nuit terrible, pendant laquelle la neige, tombant à gros flocons, va couvrir d'un linceul les morts et les mourants. Pour lui, son âme est toute en Dieu, à qui il fait le sacrifice de sa vie pour la France et pour les siens : et l'image de Notre-Dame de Lourdes, présente à son esprit, vient mêler à ses souffrances d'ineffables consolations. Deux jeunes zouaves, gisant non loin de là, se traînent jusqu'à lui, pour recueillir de sa bouche quelques paroles de foi et de résignation ; un troisième vient expirer sur son épaule ; et le héros chrétien, se soulevant avec peine, exhorte ces enfants à la confiance en Dieu, leur parle de

la Vierge secourable aux pécheurs, de l'éternité
bienheureuse dont ils vont franchir le seuil. Puis,
tout retombe dans un lugubre silence, interrompu
de temps à autre par les gémissements des blessés.
Quinze heures s'écoulent dans cet abandon complet. Enfin, vers dix heures du matin, un prêtre (1)
et un médecin viennent relever le général pour
l'emporter au presbytère de Loigny, où l'attendent
les soins d'un vénérable curé (2) dont je ne loûerai
pas le dévouement, parce qu'il n'appartient qu'à
Dieu de réserver aux hommes des récompenses
aussi grandes que leurs œuvres. Il fallut amputer
la jambe gauche, sauver de la gangrène le pied
droit gelé ; et pendant que le chrétien arrachait
aux assistants des larmes d'admiration, en bénis-
sant Dieu de l'avoir associé aux souffrances du
Calvaire, le soldat se retrouvait tout entier avec
sa mâle énergie pour dire ce mot sublime :

» — Coupez ma cuisse, si cela est nécessaire ;
mais laissez-en juste ce qu'il faut, pour que je
puisse remonter à cheval et servir mon pays.

» Dieu reçut le sacrifice, et il exauça le vœu.
Alors commença cette lutte de dix-sept années,
entre une âme, grandie par la souffrance et les
restes d'un corps devenu impuissant à la servir.
Mais la volonté reprit le dessus, affermie qu'elle
était par la foi et le sentiment du devoir. »

Le général de Sonis qui connaissait l'intrépidité

(1) M. l'abbé Batard, aumônier des mobiles de la Mayenne.
(2) M. l'abbé Theuré, curé de Loigny.

des zouaves avait compté sur leur exemple pour entraîner au combat des troupes démoralisées, mais elles étaient tellement affolées qu'elles avaient perdu le sentiment du devoir, et rien ne put les ramener à l'accomplir.

Quand le coup de feu eut fracassé la jambe et le genou gauches de M. de Sonis, il lui devint impossible de conduire son cheval. Il dut appeler alors son officier d'ordonnance, le capitaine Brugère, et il lui dit :

— Mon ami, prenez-moi dans vos bras; c'est fini pour aujourd'hui.

Avec l'aide de M. de Harscouët, lieutenant aux zouaves, il déposa le général à terre; puis, d'après ses ordres, il alla prévenir le plus ancien officier de son grade de prendre le commandement du 17ᵉ corps, et de diriger la retraite.

Bientôt M. de Sonis entendit rouler derrière lui toute son artillerie qui se retirait en bon ordre. Il eut la consolation de pouvoir constater que le 17ᵉ corps n'avait pas perdu une seule bouche à feu, pendant le temps où il l'avait commandé.

MM. Brugère et de Harscouët auraient voulu rester près de lui; malgré leurs très vives instances, il ne le leur permit pas, parce que ç'eût été les livrer aux mains de l'armée prussienne qui se portait en avant à la poursuite de nos troupes.

Arrivés à la hauteur des morts et des blessés, les soldats allemands s'arrêtèrent et s'emparèrent des armes qui leur semblaient avoir quelque valeur. L'un d'eux se jeta sur le général, le tourna, le retourna grossièrement, puis, débouclant son ceinturon, il prit son épée et son pistolet.

L'héroïque blessé vit un de ses ennemis s'approcher d'un zouave, étendu sur la terre, à quelques pas, le remuer du pied, et lui écraser la tête d'un coup de crosse.

Un autre prussien, venant directement à M. de Sonis, le général s'attendait à de mauvais traitements, il croyait sa dernière heure arrivée : mais il se trompait. Cet homme s'arrêta pour lui témoigner beaucoup d'intérêt. Il lui serra la main, en lui exprimant une sympathie très cordiale, et il lui dit avec l'accent d'une vraie bonté.

— Camarade !

Puis, ouvrant sa gourde, il versa quelques gouttes d'eau-de-vie dans la bouche du blessé, qui n'avait pris aucun aliment depuis vingt-quatre heures. Ensuite, il souleva sa tête avec précaution, le remit sur la selle du cheval, comme un soigneux infirmier, et il étendit sur lui sa couverture, de façon à le préserver le plus possible de la neige et du froid. Comprenant que ce charitable soldat ne savait pas le français, le général regretta de ne pouvoir lui témoigner sa reconnaissance que par ses regards et ses signes : mais il pria Dieu d'acquitter sa dette et il se hâta, dès son arrivée à Loigny, de demander une messe à l'intention de cette âme si compatissante.

Bientôt il se fit sur le champ de bataille un

silence, interrompu seulement par les voix des mourants qui appelaient vainement du secours. M. de Sonis ne tarda pas à être entouré comme d'un cercle de feu. C'était l'incendie des hameaux voisins et spécialement du village de Loigny, le plus rapproché de tous.

Cependant, vers neuf heures, il entendit une voix qui lui semblait celle d'une personne amie, venue pour assister les blessés. Il répondit à cet appel en criant : « Au secours ; » mais sa voix très affaiblie ne porta pas assez loin. Il renonça dès lors à tout espoir d'assistance, et il se résigna. Il était navré par la pensée de laisser sa femme chérie veuve, sans appui, et ses nombreux enfants orphelins ; mais son abattement fut de courte durée, et la sainte Vierge lui obtint bientôt d'adoucir l'amertume de son chagrin.

« Avant la guerre, a-t-il écrit, j'avais fait un pèlerinage à la grotte miraculeuse et j'en avais rapporté les plus salutaires impressions. Depuis ce moment, je ne voyais la sainte Vierge que sous l'aspect de la statue de Lourdes. Cette douce image me fut constamment présente pendant la nuit passée sur ce sol sanglant où j'ai attendu la mort durant de longues heures. Grâce à Notre-Dame, ces heures, pour être longues, n'ont pas été sans consolations ; mes souffrances ont été si peu senties que je n'en ai pas conservé le souvenir.

» Je perdais cependant beaucoup de sang. Ma

jambe était brisée en vingt-cinq morceaux, comme on l'a vu depuis. »

Le 3 décembre, vers midi, le général de Sonis entrait à Loigny, où M. le curé lui donnait sa chambre et son lit. Le presbytère était converti en ambulance. MM. de Charette et de Verthamon, tous deux blessés, y étaient arrivés la veille. Le docteur Beaumetz, médecin d'un mérite incontesté, dont le cœur est à la hauteur de sa science, constate, dès sa première visite, que l'extrémité de l'os de la cuisse gauche est entièrement broyé, et il reconnaît la nécessité de l'amputation.

Le général était d'une excessive faiblesse, mais il avait conservé son énergie morale et son esprit d'abnégation. Deux soldats avaient été relevés avec lui sur le champ de bataille ; il voulut qu'ils fussent soignés avant lui. Pendant les opérations chirurgicales, il resta près d'eux pour les exhorter et les encourager. Quand son tour arriva, on dut l'endormir. Après l'amputation, il eut à supporter quarante-cinq jours d'intolérables douleurs sans avoir une minute de sommeil.

« Le seul tic-tac de l'horloge était devenu pour moi, dit-il, un vrai supplice, tant ma tête était faible. Je dois encore bénir Dieu, qui sait tirer notre bien même de nos maux, car la saignée, produite par l'amputation, me guérit d'une fluxion de poitrine que j'avais prise dans la neige, et dont le médecin croyait que je ne me remettrais pas.

Le Général CHANZY

» Il revint me voir le lendemain. Je l'avertis que je ne sentais plus mon pied droit ; il le regarda, puis il lui donna un coup de bistouri, sans chloroforme cette fois ; le pied était gelé ; la gangrène s'y mettait. Le docteur racla tout ce qu'il fallait enlever : ce fut une nouvelle et atroce souffrance. »

Un bulletin du général Chanzy apprit à la France le combat du 2 décembre ; « mais, disait-il, on ignore ce qu'est devenu le général de Sonis. » Dès qu'elle sut la douloureuse nouvelle, Mme de Sonis, retirée à Castres au sein de sa famille, se hâta de télégraphier à Tours afin d'avoir des renseignements. Elle reçut pour réponse les trois mots suivants : « *Blessé et prisonnier.* » Aussitôt elle partit à sa recherche. D'abord elle vint à Tours, où les détails étaient encore vagues et incertains ; puis, elle se rendit à Poitiers où se trouvaient ses deux belles-sœurs, religieuses du Carmel, et l'une de ses filles (Madeleine), élève du Sacré-Cœur. C'est là qu'elle apprit l'amputation et le nom du village où M. de Sonis avait été porté. Mgr Pie, qui aimait beaucoup le général, voulut donner une Sœur pour concourir aux soins du malade ; un médecin partit aussi. Une mauvaise voiture fut louée à raison de cinquante francs par jour ; on en mit dix-neuf pour faire deux cents lieues.

Le 23 décembre, Mme de Sonis revoyait enfin son cher mari. Il était, hélas ! pâle, faible et dans un tel état qu'on n'était pas encore sûr de son rétablissement ; mais il supportait ses souffrances avec un courage qui excitait l'admiration générale. Ce fut une grande consolation pour son excellente femme de veiller jour et nuit et de lui prodiguer les témoignages de sa tendresse.

L'intimité de MM. de Sonis et de Charette date de leur séjour à Loigny. Le souvenir de leurs conversations faisait dire au baron de Charette :

— Il est impossible d'avoir passé un quart d'heure près du général de Sonis sans sortir de sa chambre plus soldat et plus chrétien. »

Cette parole exprimait le sentiment de tous ceux qui l'approchaient.

A la fin de janvier 1871, M. de Charette, guéri de ses blessures, fut nommé général de l'armée auxiliaire. Il recevait le commandement des mobilisés bretons qu'il devait joindre à ses zouaves, quand on apprit la signature des préliminaires de paix.

Quand au général de Sonis, il avait été si gravement atteint que sa convalescence fut plus longue. Mgr l'évêque de Poitiers lui avait écrit pour lui exprimer son affectueuse sympathie. Il ne put répondre à Sa Grandeur que le 19 janvier, et à cette date, trop faible encore pour se servir de sa main, il dut emprunter celle de Mme de Sonis.

« .... Depuis six semaines, disait-il, je suis privé de tout mouvement, étendu sur cette couche qui m'a permis de méditer, à travers mes souffrances, sur les miséricordes de Dieu à mon égard. Béni soit-il, puisqu'Il daigne me conserver une vie que je veux employer plus que jamais à son service.... Je souffre encore beaucoup, mais quelle consolation j'ai éprouvée en voyant arriver ici ma chère femme! Je sais, Monseigneur, combien vous avez été bon pour elle lors de son passage à Poitiers, et j'en remercie Votre Grandeur.... »

A la fin de janvier, sur le conseil du médecin, le ménage de Sonis accepta l'aimable hospitalité du marquis et de la marquise de Gouvion Saint-Cyr, au château de Reverseaux. Puis, quand l'armistice fut signé entre la France et l'Allemagne, il fit ses préparatifs de départ. Il traversa Paris, la veille de la proclamation de la Commune. Il s'arrêta plusieurs jours à Limoges, où M. de la Chapelle, son ancien condisciple et son ami, lui réservait une hospitalité tout à fait fraternelle.

« La nouvelle de l'arrivée de Sonis, dit M. de la Faye, fut un véritable événement dans la cité limousine. Personne n'avait oublié le brillant lieutenant de hussards de 1850, et non seulement ses intimes, non seulement les relations mondaines rencontrées jadis, mais beaucoup d'ouvriers qui ne l'avaient jamais vu, et qui, quelques semaines auparavant, ne connaissaient pas son nom, vinrent l'attendre à la gare.

» Bien avant l'heure, les quais étaient envahis

par les amis du général, qui tous voulaient être des premiers à lui serrer les mains.

» Quand retentit le sifflet strident de la locomotive, il se fit un grand silence ; la foule avait les yeux fixés sur le train qui lourdement entrait sous la voûte. Il s'arrêta enfin ; une portière s'ouvrit : soutenu par sa vaillante compagne et par son médecin, le général descendit péniblement de wagon.

» Un frisson courut parmi les spectateurs de cette inoubliable scène, quand ils virent apparaître, pâle, défait, le glorieux blessé de Loigny.

» D'un mouvement spontané, tous les fronts se découvrirent, toutes les têtes s'inclinèrent devant cette image vivante de la France vaincue et mutilée.

» En voyant passer le général, entouré de ses amis comme d'une escorte d'honneur, une vieille femme qui avait fini par se glisser au premier rang, s'écria tout à coup :

» — Eh ! mais je le reconnais : c'est le saint officier de la cathédrale.

» Alors, très haut et en termes d'une énergie que notre plume ne saurait traduire, un ouvrier porcelainier :

» — En voilà un brave ! on devrait bien nous le donner à Limoges ! »

Le 22 mars, le ménage arrivait à Castres, impatiemment attendu par bon nombre d'enfants et par la famille de Mme de Sonis. Quelle joie de revoir le père dont la vie avait causé tant d'alarmes, mais quelle douleur de le revoir mutilé !

Depuis longtemps on était privé de lettres, parce que l'ennemi interceptait les correspondances ; cependant plusieurs fois on avait reçu des nouvelles. Des soldats du 17e corps, retournés dans leurs foyers, avaient raconté ses exploits ; puis ils avaient ajouté que, manquant de vivres suffisants, ils en avaient reçu du général, qui avait partagé avec eux les rations qui lui étaient destinées.

M. de Sonis n'oubliait ni le bon pasteur de Loigny, qu'il avait remercié comme son cœur savait le faire, ni l'église de cette paroisse, devenue historique, et dont il appelait la reconstruction de tous ses vœux. Aussi accueillit-il avec empressement la proposition qui lui fut faite par M. Vagner (1) de contribuer à cette belle œuvre.

Les trois fils aînés du général étaient à l'armée. Gaston, l'aîné, fait prisonnier, s'était évadé, et avait été porté à l'ordre du jour pour sa conduite dans la sortie de la garnison du fort de Bitche. Henri, le second, avait été rejeté sur la

---

(1) M. Vagner, maintenant parti pour le ciel, revit dans ses enfants et ses petits-enfants, tous dignes d'un tel père. En 1871, il n'était pas seulement le directeur-propriétaire de l'*Espérance*, l'un des meilleurs journaux publiés en province, c'était le guide, le défenseur, le bienfaiteur insigne des œuvres lorraines, et spécialement de celles de Nancy. L'un de ses fils, zouave pontifical, venait de mourir pour la France. Son affection paternelle et son amour pour la France lui inspirèrent la pensée de travailler, par ses démarches, par sa généreuse offrande, à la restauration de l'église de Loigny.

Dans une de ses lettres, M. de Sonis lui disait qu'avant de entrer à Castres, *il avait prié sur la tombe de son cher et valeureux enfant.*

Suisse, puis dirigé sur l'Algérie. Albert, le troisième, maréchal des logis, fut blessé et décoré de la médaille militaire. Leur excellent père rendait grâces à Dieu de ce qu'ils avaient été épargnés, et lui demandait les secours spirituels dont ils avaient besoin pour continuer à se dévouer à la France en restant bons chrétiens. Lui-même aspirait à reprendre du service actif ; mais ses blessures ne le lui permettaient pas. Le pied gelé n'était pas guéri, et sa cuisse ne pouvait pas encore s'appuyer sur une jambe de bois.

Avant le licenciement de ses zouaves, M. de Charette voulut consacrer son régiment au Sacré Cœur. Cette imposante cérémonie eut lieu le 28 mai 1871, dans la chapelle du grand séminaire de Rennes. Les infirmités du général l'empêchèrent d'y assister ; mais ce fut lui qui composa l'acte touchant de consécration, qui fut lu solennellement à la messe du jour.

Il lui fut plus facile de se rendre à Lourdes, et dès qu'il put accomplir ce pèlerinage, il alla remercier la sainte Vierge qui lui avait été si secourable pendant la longue nuit d'agonie, passée sur le champ de bataille de Loigny. Il y porta la croix de commandeur qui venait de lui être envoyée, et la déposa sur l'autel de Marie, afin de lui en faire hommage, et de le tenir en quelque sorte de sa main si maternelle.

A son retour, on fit des élections complémentaires pour la Chambre des députés ; on le pressa de ne pas refuser une candidature dans le Tarn. Il l'accepta pour ne pas rejeter une occasion d'être utile à son pays; mais il stipula qu'il ne ferait ni visites, ni démarches, et qu'il se bornerait à publier une profession de foi aussi claire et aussi loyale que possible. Les révolutionnaires le combattirent avec acharnement, le représentèrent comme un homme décidé à ramener la dîme, la corvée, tous les droits seigneuriaux. Il ne fut pas nommé; mais il eut une importante minorité, car plus de 22,000 électeurs lui donnèrent leurs voix.

Après son amputation, Mgr le comte de Chambord avait fait demander de ses nouvelles. Le général avait écrit pour exprimer sa reconnaissance. Alors le prince lui adressa la lettre suivante, qui resta plusieurs mois en route :

« Je ne puis assez vous dire, mon cher général, combien j'ai été profondément touché de la lettre que vous m'avez écrite de votre lit de douleur, ainsi que des nobles et généreux sentiments que vous y exprimez. Vous savez déjà mon admiration pour votre héroïque conduite; je suis heureux de vous dire moi-même mon émotion à la nouvelle du glorieux fait d'armes où, à la tête d'une poignée de braves, vous êtes tombé pour la défense de la patrie, si cruellement éprouvée. Que n'ai-je pu être avec vous dans cette mémorable mais triste journée! Je remercie Dieu de vous avoir conservé pour la France, que vous avez toujours si loyalement servie, et pour la cause du droit dont vous êtes un des plus fidèles amis. Croyez que je vous ai toujours suivi dans votre belle carrière et que je n'ai jamais cessé de compter sur votre entier dévouement. Ma femme vous remercie de ce que je lui ai dit de votre part. Recevez l'assurance de ma vive gratitude et de ma sincère affection. »

Après la réception de cette lettre, le général de Sonis résolut de présenter lui-même ses hommages à l'auguste représentant de la maison de Bourbon ; il profita de son temps de disponibilité et d'un voyage du prince en Belgique pour aller le chercher à Anvers. Il se dirigeait péniblement vers la cathédrale de cette ville pour entendre la messe, quand il aperçut une personne qui en sortait venir à lui et lui tendre la main en disant :

— Ah ! mon cher général, que je suis heureux de vous voir !

C'était Mgr le comte de Chambord lui-même. Son officier de service, M. Joseph du Bourg, lui avait nommé M. de Sonis, et le prince allait au-devant de lui en lui offrant son bras :

— Appuyez-vous, cher général ; ma jambe vaut mieux que la vôtre.

M. de Sonis resta trois jours à Anvers. Il causa longuement, intimement avec le comte de Chambord, passa près de lui toute la soirée qui précéda son départ, et, quand il prit congé, l'héritier du trône de France, l'embrassant avec effusion, lui dit :

Le Comte de CHAMBORD

— Au revoir! en France!

Sonis était sous l'influence d'une vive émotion qui l'empêchait de parler. Le prince reprit, avec un élan plein d'amour pour la patrie et pénétré du désir de travailler à son bonheur :

— Oui, en France, à Paris, à cheval, côte à côte, au milieu de cette population que, comme Henri IV, je veux conquérir, et qui m'aimera comme je l'aime.

De retour en France, M. de Sonis fut appelé par la Commission d'enquête parlementaire pour faire ses dépositions, relativement aux événements militaires de la défense nationale. Cette Commission siégeait au palais de Versailles. Informée de son arrivée, elle vint tout entière au-devant de lui, l'entoura d'égards, écouta ses récits simples, vrais, remplis d'intérêt, avec une religieuse attention. Il exposa les faits avec la plus scrupuleuse exactitude, se gardant bien d'accuser personne et parlant de lui avec une modestie qui acheva de lui gagner tous les cœurs.

Un peu plus tard, il dut à la vérité de rectifier plusieurs inexactitudes et des assertions erronées contenues dans un livre qui venait de paraître. M. de Freycinet l'avait composé, et lui avait donné pour titre : *Guerre en province pendant le siège de Paris*. Il avait été spécialement induit en erreur sur la part qu'il fallait attribuer dans les manœuvres au général de Sonis. Il le reconnut avec franchise, et promit des corrections pour les éditions suivantes de son ouvrage.

Il terminait ainsi sa dernière lettre à M. de Sonis :

« Je suis heureux que cette circonstance m'ait procuré l'occasion de vous exprimer, pour votre personne, l'inaltérable sympathie et la haute estime de votre dévoué serviteur. »

Le R. P. du Lac, alors recteur de l'école supérieure de Sainte-Geneviève, raconte comment le général de Sonis célébra (2 décembre 1871) le premier anniversaire du combat de Loigny.

« Un soir d'hiver, comme j'étais assis au bureau qu'avait occupé le P. Ducoudray, martyr de la Commune, j'entends quelqu'un monter l'escalier. Sa marche produisait un bruit insolite, que je reconnus, à la réflexion, être celle d'une jambe de bois heurtant les marches. C'était le général de Sonis ; je ne l'avais jamais vu.

» — Mon Père, me dit-il, je viens vous demander de passer cette nuit devant le Saint Sacrement de votre chapelle.

» Voyant l'impression que me causait cette demande :

» — Oh ! Il ne faut pas me prendre pour ce que je ne suis pas, me dit-il en riant. J'acquitte ma dette, rien de plus. J'ai passé, il y a un an, cette nuit du 2 décembre, étendu sur la neige, entre la vie et la mort, beaucoup plus près de l'une que de l'autre, et c'est Dieu qui m'a sauvé. Je lui dois bien une nuit, puisque je lui dois la

vie. J'aurais voulu répondre à l'appel de Charette et me rendre aujourd'hui à Loigny ; mais
je suis membre de la Commission de révision des
grades de la cavalerie ; elle tient séance demain.
Je sais que vous aimez les zouaves pontificaux,
que vous les avez casernés au Mans et que leur
drapeau du Sacré-Cœur a été gardé là plusieurs
semaines avant de devenir mon fanion. C'est pourquoi je suis venu chez vous de préférence. Outre
que les martyrs ont vécu ici, ajouta-t-il en regar-
dant le portrait du P. Ducoudray sur la cheminée.

» En ce moment, les vêpres sonnaient. Le
général demanda à y assister. En les entendant
chanter par ces trois cent cinquante voix de
jeunes gens, il pleurait à chaudes larmes.

» — Oh ! que cela est beau ! Cela me rappelle
les zouaves, me disait-il, au sortir, en me pre-
nant la main.

» Il voulut bien ensuite me raconter la terrible
nuit passée sur le champ de bataille de Loigny,
là où il fit au Sacré Cœur le vœu qu'il venait
accomplir. Puis le général demanda qu'on le con-
duisît à la chapelle, où il passa la nuit. Le lendemain, il communiait à la première messe, et
comme je lui demandais s'il était fatigué :

» — Fatigué ! me répondit-il, une nuit de
garde !...

» Neuf heures sonnées, il partit pour la Commission militaire. C'était son poste. »

CHAPITRE V

*Nommé commandant de la 16ᵉ division militaire, le général de Sonis se rend à Rennes avec sa famille. — Il
rétablit la discipline et réprime les duels. — Ses fréquentes
inspections. — Son déjeûner chez M. Thiers. — Fracture
de la jambe droite. — Nouvelles tortures. — Il est appelé
de Rennes à St-Servan, puis à Châteauroux. — Dévouement du général de Gallifet. — M. de Sonis demande
sa mise en disponibilité, pour ne pas concourir à l'exécution des décrets d'expulsion des religieux. — Quelques mois
plus tard, il est nommé inspecteur général permanent de
cavalerie. — Chute de Tantonville. — Réduit à l'impossibilité de monter à cheval, il entre dans la commission
mixte des travaux exécutés sur les zones frontières, et
vient habiter Paris. — Emploi de ses dernières années. —
Il sort de ce monde le 15 août 1887. — Service religieux
de St-Honoré-d'Eylau. — Allocution du général Lhotte. —
Translation des précieux restes du général de Sonis dans
la crypte de Loigny. — Péroraison de l'oraison funèbre
de Mgr Freppel.*

En novembre 1871, M. de Sonis était nommé
commandant de la 16ᵉ division militaire ; il s'établit avec sa famille à Rennes, où était son quartier général ; il y fut reçu avec enthousiasme. Il
avait pour mission de s'occuper de la réorganisation de l'armée ; il y travailla de tout son pouvoir, en cherchant à faire régner Dieu dans les
cœurs, persuadé que le relèvement moral était la

source de la discipline et de la force nécessaires pour l'accomplissement du devoir. Installé dans l'hôtel attribué à ses fonctions, il y exerça l'hospitalité avec une dignité simple et cordiale. Malgré de très fréquentes souffrances, il reprit toutes ses habitudes militaires et chrétiennes.

Depuis onze ans, il était associé au tiers-ordre du Carmel, qui vise à une observance plus parfaite des lois religieuses et encourage ses membres par de nombreuses faveurs spirituelles. Il trouva dans la ville de Rennes une maison de religieux carmes et un certain nombre d'hommes affiliés comme lui. Il se rendit très exactement aux réunions mensuelles, et s'y fit remarquer par sa piété. Mais il regardait comme l'une de ses premières obligations celle de se pénétrer de sa nouvelle tâche et de la remplir avec zèle.

D'après le témoignage de son aide de camp, « il consacrait chaque jour une heure au moins à l'étude des théories et des règlements militaires. Aussi les possédait-il plus exactement que personne, et, dans le cours de ses inspections, il étonnait souvent les officiers par sa connaissance approfondie des moindres détails des manœuvres. Le souvenir en est resté dans chacun des corps qu'il eut sous ses ordres.... Son infirmité rendait ses voyages et ses inspections fort pénibles, surtout en 1871. Il n'était pas encore accoutumé à l'appareil qui assujettissait sa jambe de bois, et il ne se mouvait qu'au prix de la plus grande souffrance. Chaque exercice sur le terrain, chaque visite au casernement étaient une torture. Il rentrait chez lui, le moignon de la cuisse en sang, se mettait au bain pour empêcher l'inflammation, et recommençait le lendemain. Il nous semblait chaque fois qu'il allait se trouver dans l'impossibilité de continuer son travail, ce qui lui était à lui-même une pénible préoccupation. Néanmoins, pas une plainte ne lui échappait ; il avait confiance que la Providence lui donnerait la grâce suffisante pour mener son examen à bonne fin. Cette confiance fut justifiée ; on peut même dire qu'il se portait mieux à la fin qu'au commencement de ces exercices. »

Il rédigeait avec beaucoup d'impartialité les notes méritées par les officiers, sans se laisser jamais influencer par la sympathie personnelle pour ceux qui partageaient ses convictions religieuses ou ses opinions politiques. Il était inaccessible aux sollicitations tendant à obtenir des faveurs imméritées, et jamais, malgré les instances les plus pressantes, il ne lui est arrivé d'accorder une préférence à un subordonné qui avait moins de titres que son concurrent.

Pour les fautes d'indiscipline, il se montrait sévère. Quant à la débauche, elle lui était odieuse ; il la punissait avec une inflexible rigueur.

Sans favoriser les lâchetés auxquelles il infligeait des châtiments mérités, il réprimait les duels, défendus par les lois divines et humaines.

Un colonel de sa division avait condamné à huit jours de prison un soldat, pour avoir désobéi à l'ordre de se battre en duel avec un camarade, avec lequel il y avait eu échange de coups de poing. Le général de Sonis, instruit de l'affaire, imposa au colonel huit jours d'arrêt pour avoir ordonné le duel, et trente jours de prison au lieu de huit au soldat qui s'était laissé dominer par la peur. L'affaire fut portée devant le commandant du corps d'armée. Il ne put que confirmer les décisions prises par M. de Sonis.

Deux gendarmes s'étaient insultés; l'inspecteur de gendarmerie, informé de cette querelle, prescrivit un duel. Il ne dépendait que du ministre, il avait seulement à envoyer au général de division la copie de ses ordres. Mais comme l'incident se produisait dans la circonscription de M. de Sonis, il profita de cette circonstance pour défendre au chef de la légion de faire exécuter l'ordonnance, puis il s'empressa de prévenir le ministre de la guerre. Le général de Cissey maintint l'interdiction portée par le général de division.

Au mois de mars 1872, pendant le carême, M. Thiers, alors président de la république, préoccupé de la possibilité d'un débarquement de Napoléon III sur les côtes de Bretagne, voulut en conférer avec le général de la 16e division, et il le fit venir à Versailles. Il savait sa haute distinction et désirait le connaître personnellement. Après une longue conversation, où il l'avait traité fort aimablement, il l'invitait à déjeuner. C'était un vendredi, il était une heure, et, selon son invariable coutume, le général était à jeun. Cependant le déjeuner était gras. On offrit plusieurs mets à M. de Sonis qui n'en accepta aucun. Au bout de quelque temps, M. Thiers s'expliqua pourquoi son hôte ne mangeait pas; il exprima des regrets, et Mme Thiers s'empressa de faire apporter du maigre.

Cette même année, le général, se trouvant à Rennes le jour de la Fête-Dieu, voulut assister à pied à la grande procession, quoiqu'elle durât plusieurs heures et qu'il souffrît beaucoup. Quand il revint à son hôtel, il était baigné dans son sang. Sa cuisse s'était rouverte, mais il ne regrettait ni le sang versé, ni les douleurs endurées.

A la fin de cette année, il perdit M. Roger, son beau-père, pour lequel il était un fils affectueux. Il fut affecté de cette perte, et sa douleur fut doublée par celle de sa femme bien-aimée.

Un autre sacrifice allait lui être bientôt imposé. Dieu destinait à la vie religieuse sa fille Marie.

« Un soir, écrit-elle, mon père, étant couché, m'appela dans sa chambre, et là, me faisant mettre à genoux près de lui :

» — Ma chère enfant, me dit-il, est-il bien vrai que vous pensiez à vous donner au bon Dieu ?

» — Oui, mon père. Je n'ai pas osé vous en faire part plus tôt, de crainte de vous causer de la peine ; mais, puisque vous savez tout, je vous prie de m'accorder votre consentement.

» — Mon enfant, jamais je ne refuserai à Dieu le sacrifice qu'il a le droit d'exiger de moi, car vous êtes à Lui avant d'être à votre père. Livrez-vous donc à l'attrait qui vous porte vers Lui. »

M. de Sonis fit généreusement l'offrande de sa fille au Seigneur. Elle lui manquait beaucoup au foyer domestique, mais il voulut que l'action de grâces dominât les autres sentiments. Mlle Marie entra au noviciat de Conflans, près de Paris. Son père lui écrivait des lettres qui révélaient à la fois sa tendresse et sa foi.

« .... Si votre vocation se confirme, comme je le crois, je n'aurai qu'à vous féliciter d'avoir échappé à tant de dangers, à tant de chagrins, qui sont le lot des personnes condamnées à vivre dans le monde... Béni soit donc le doux Maître qui vous a choisie au milieu de tant d'autres. Bénie soyez-vous aussi d'avoir mérité le regard de votre divin Fiancé ! Regardez-le souvent ; regardez-le toujours, et votre cœur si bien fait pour l'aimer, à mesure que vous le connaîtrez mieux, lui répétera cette parole qui dit tout : *Rabboni*, mon bon Maître ! Prière plus éloquente que toute parole humaine, et telle que les anges n'en entendent pas de plus belles.... »

La mort de sa plus jeune sœur, carmélite à Poitiers, suivit de près l'entrée de sa fille au Sacré-Cœur. Elle sortit de ce monde après vingt années de vie religieuse, pleine de foi, de mérites, heureuse d'aller recevoir la récompense réservée à ses vertus.

Les épreuves se succédaient rapidement. M. de Sonis les regardaient comme des échelons qui aident à monter au ciel.

Dix-huit mois plus tard (fin novembre 1875), le général perdait sa sœur aînée (Mlle de Lestortière), prieure, depuis plusieurs années, du Carmel de Coutances. Voici comment il annonçait ce nouveau chagrin à l'un de ses amis :

« .... Ma chère et bien-aimée sœur, Marie-Thérèse de Jésus, est morte le 22, à trois heures du soir, au Carmel de Coutances dont elle était prieure.

» Je l'avais laissée, il y a un mois, pleine de santé, et je ne me doutais guère que je ne la reverrais plus en ce monde.

» Elle a été enlevée, en quatre jours, par une fluxion de poitrine qui lui a laissé la connaissance jusqu'au moment d'aller à Dieu. Sa dernière parole a été : « Je ne croyais pas qu'il fût si bon de mourir.... »

» J'ai un sentiment profond de son salut bien assuré ; car je n'ai pas connu d'âme plus dévouée, plus ardente au bien, ayant plus de soif de sacrifices, d'immolations, et aussi plus humble.

C'est pour cela que je veux rester dans son esprit, qui est le véritable esprit chrétien, et que je la recommande à vos prières. »

Il écrivait à un ami :

« J'ai perdu ma sœur et ma meilleure amie. Qui me rendra jamais ce cœur si chaud, cet esprit si droit, ce jugement si sûr, ces entretiens en Dieu si pleins de charmes?... Chaque jour, elle occupe une partie de mon temps; son souvenir ne me quitte pas. Elle est comme mon bon ange.... Je suis en commerce intime avec elle, aussi bien maintenant qu'au temps où j'avais le bonheur de recevoir ses longues et délicieuses lettres, qui m'étaient un pain si fortifiant. »

Quand il eut le malheur de la perdre, il souffrait d'un grave accident qui ajouta beaucoup à ses infirmités. Il avait l'habitude de faire chaque matin une promenade à cheval. Un jour d'hiver (1873), comme il traversait un vilain quartier de la ville vieille de Nantes, tout à coup il se trouva devant une pauvre femme âgée, qui portait un gros fagot sur ses épaules. A cet aspect, la jument qu'il montait s'effraie, se renverse en arrière et entraîne son cavalier dans sa chute. On accourt, on le dégage, il essaie de se relever; mais malgré sa rare énergie, il lui est impossible de se tenir debout : la jambe droite était cassée! Rapporté chez lui, au milieu de sa famille éplorée, il ne laisse échapper ni une plainte ni un murmure; il conserve son calme, sa patience inaltérables; il rend grâces à Dieu de l'avoir associé aux souffrances de la Passion !

Au bout de trois mois de douleurs, il pouvait

à peine, avec le secours d'un bras, essayer quelques pas dans sa chambre. Cependant arrivé à l'époque où s'opérait chaque année au ministère de la guerre le classement des officiers, il voulut aller soutenir les droits de ceux qu'il avait inspectés, et il fit le voyage de Paris. Il descendit chez les Frères de Saint-Jean-de-Dieu, rue Oudinot; il reçut là les soins les plus éclairés, et chaque jour on le portait à la salle de la Commission.

Revenu à Nantes, comme il souffrait toujours, il provoqua une nouvelle visite des médecins. Quatre mois après l'accident, ils constatèrent la fracture d'un petit os qui avait passé inaperçu jusque-là. Il fallut une nouvelle période de repos. Puis le général se fit adapter au côté gauche de sa selle un crochet qui emboitait sa cuisse; une botte reçut l'extrémité de la jambe de bois. On le mettait en selle, en le soulevant par sa jambe amputée, on faisait passer l'autre au-dessus de la croupe de son cheval. Il parvint ainsi à remonter sur sa jument; il recommença son service, mais ce fut au prix de souffrances qui auraient paru intolérables à des courages moins énergiques que le sien.

Au bout de quelque temps, le gouvernement créa de grands commandements qui se partagèrent la France. Rennes devint le chef-lieu de l'un d'eux. Un peu après, celui de sa division militaire fut fixé à Saint-Servan. Le général de

Sonis et sa famille, en quittant Rennes, où ils avaient séjourné deux ans et demi, y laissèrent, comme partout où ils passaient, une foule de beaux exemples et un faisceau d'affectueux regrets.

A Saint-Servan, où il devait rester six années, la maison n'était séparée que par la largeur de la rue d'une chapelle dédiée à Notre-Dame de Nazareth. Cette proximité lui fut précieuse; elle lui permit d'y aller à la messe chaque matin, dans sa petite voiture de malade.

Au commencement de 1876, les craintes de guerre motivèrent un surcroît de vigilance. Le ministre de la guerre avertit alors les commandants de corps d'armée qu'il leur fallait des généraux très actifs, pouvant, au premier signal, se placer à la tête de leurs troupes. Interrogé sur l'état de sa santé, M. de Sonis répondit :

« Je ne peux pas, il est vrai, marcher sans l'appui d'un bras, mais je monte à cheval, et le service d'un général se faisant de cette façon, je crois pouvoir remplir mes devoirs. »

Comme on connaissait ses rares mérites, on le maintint au cadre d'activité, et il prouva que l'autorité militaire avait eu raison, car sa division se distingua par son esprit d'ordre, de discipline et de dévouement. Inspections, grandes manœuvres, il mettait tout en œuvre pour que ses troupes fussent instruites et occupées. Il exigeait beaucoup de travail, mais il donnait l'exemple; car personne ne travaillait plus que lui.

Il était paternel pour ses officiers en général; mais il avait une affection plus prononcée pour ceux qui étaient attachés à sa personne. Se trouvant souvent en relation avec eux, il les formait à la politesse et aux bonnes manières. Il les voulait distingués dans leur personne. Il pensait que les chrétiens, appelés à vivre dans le monde, devaient montrer à la société que la piété est utile, même en ce monde, ayant avant tout les promesses de la vie future, mais possédant, dès maintenant, la bonne grâce et l'amabilité qui attirent de cordiales sympathies.

Quoiqu'il donnât beaucoup de temps à ses devoirs militaires, il en trouvait encore pour des leçons à ses plus jeunes enfants; avec l'un il commençait le latin, avec l'autre il s'occupait d'arithmétique et d'algèbre, à tous il distribuait les conseils, les exemples, les vérités propres à en faire des chrétiens sérieux.

Au commencement de 1878, ses souffrances devinrent plus douloureuses. Un troisième abcès au moignon le rendit, pendant plusieurs mois, incapable de tout mouvement. Il écrivait le 27 mars :

« .... J'ai deux fois essayé de reprendre ma jambe de bois; deux fois le contact de mon appareil m'a blessé et j'ai dû le déposer. Après m'être fort attristé, je me suis mis tout à fait entre les mains du bon Dieu, ces mains qui me portent avec une tendresse toute maternelle;

sans m'avoir jamais laissé tomber. Et pourtant que j'ai souvent mériter d'être lâché!... Je n'ai pas oublié qu'une bonne partie de mon corps est déjà réduite en poussière, et que, dégagé d'une portion du poids qui nous attache à la terre, je serais bien coupable, si je n'obéissais pas à ce mouvement de la grâce qui nous attire en haut!... »

Vers le milieu de l'année, soutenu par son courage, il reprit les inspections. Du reste, il s'arrangeait toujours de façon à ce que rien ne fût en souffrance dans sa division. Quand même il était cloué sur son fauteuil, il se faisait rendre un compte exact de ce qui se passait et prenait toutes les mesures réclamées par les besoins du service.

A Saint-Servan comme dans ses autres résidences, il s'occupait des pauvres, des ouvriers, des malades, des déshérités d'ici-bas, avec une bonté, avec une sollicitude qui semblaient augmenter encore avec les années.

Il écoutait toujours avec émotion le récit de l'origine de l'institut des Petites Sœurs qui eurent leur berceau dans cette petite ville, et il était l'un des meilleurs bienfaiteurs de leurs vieillards.

Il aimait sincèrement les serviteurs de sa maison, il les traitait comme il eût voulu l'être lui-même, s'il avait été à leur place et de leur condition. Il leur témoignait de la confiance : sa bienveillance les rendait plus exacts et plus empressés à lui être agréables. S'ils étaient obligés de se retirer, il ne cessait pas de s'intéresser à leur sort.

« Je vous remercie, mon cher Alfred, écrivait-il à l'un d'eux, des services que vous m'avez rendus. Restez fidèle à Dieu comme vous l'avez été, vous trouverez dans la pratique de la religion le bonheur que les impies ne connaissent pas. Que Dieu vous conserve longtemps votre père et votre mère, qu'il leur fasse pareillement la grâce de garder, pendant toute leur vie, un aussi bon fils que vous. »

Un jeune caporal, fils de son jardinier, mourait d'une maladie de poitrine. Le général lui donna ses soins, ses consolations et il écrivait à son sujet :

« .... J'ai souvent accompagné chez lui Notre Seigneur, lorsqu'on lui portait la Sainte Communion. Que d'édification j'ai recueillie auprès du lit de ce jeune homme qui offrait de si bon cœur ses souffrances et sa vie à Dieu! Toute cette famille mérite bien d'être bénie. Il est impossible de trouver plus de foi et de résignation que chez ces braves gens. »

Cependant les affaires politiques de la France inspiraient des inquiétudes toujours plus fondées. Les ministères, en se succédant, proposaient et faisaient adopter des lois de plus en plus révolutionnaires : ils donnaient plus de gages à la Franc-

Maçonnerie, qui obtenait pour ses adeptes les fonctions rétribuées de l'État. L'armée fut entamée la dernière, mais elle ne fut pas épargnée. Après six années de résidence à Saint-Servan, M. de Sonis, qui avait si bien mérité de la patrie, fut envoyé à Châteauroux contre son gré. Deux de ses fils s'étaient mariés à Saint-Servan, toute sa famille y était établie ; son éloignement lui fut très pénible.

Il écrivait de Châteauroux peu de temps après son arrivée :

« .... Je m'attendais depuis longtemps à être atteint, parce que la secte radicale ne connait pas d'obstacle et fait litière de tous les errements du passé. Je n'ignorais pas que l'armée aurait son tour et que le système des épurations lui serait aussi appliqué. Enfin, pour indigne que je sois d'un tel honneur, je devais être frappé le premier, et je l'ai été. On espérait bien sans doute qu'en recevant cet ordre, j'aurais demandé ma mise en disponibilité ou à la retraite, et il est bien possible que ce soit mon sort avant peu de temps.

» Vous savez combien je vivais retiré à Saint-Servan ; aussi n'a-t-on pu trouver aucun prétexte pour légitimer la mesure dont j'ai été l'objet. Je l'ai subie sans récrimination, quoiqu'elle m'ait atteint dans mes affections d'abord, dans mes intérêts ensuite. Mon fils aîné Gaston venait de perdre son second enfant, et ma belle-fille était gravement malade. C'est dans cette triste situation que j'ai appris, en décachetant mon courrier, que j'étais envoyé à Châteauroux. Je me suis dit : rien n'arrive sans la permission de Dieu, et je suis venu ici.... »

Le commandant de son nouveau corps d'armée (le neuvième) était le général de Gallifet, qui l'ayant connu en Afrique, appréciait sa valeur. La Providence avait ménagé ce rapprochement à son fidèle serviteur. Dès son arrivée à Châteauroux, M. de Sonis avait écrit à M. de Galliffet que son infirmité ne lui permettait de marcher qu'à cheval, et il avait reçu cette réponse :

« Faites-moi l'honneur d'avoir en moi la confiance que j'ai en vous. »

L'année même de son intallation dans sa nouvelle résidence, au mois de juin, le commandant du corps d'armée lui écrivait une lettre pressante pour le décider à demander la croix de grand officier de la légion d'honneur. M. de Sonis le remercia de sa bienveillance, mais il lui demanda de lui permettre de ne pas solliciter cette distinction.

M. de Gallifet persista dans son projet. On exige ordinairement un mémoire de proposition présenté par le candidat. Cette formalité ne fut pas observée; cependant grâce à l'insistance du dévoué solliciteur, la croix fut décernée au héros qui en était si digne.

Sa tournée d'inspection dura tout l'été ; malgré

ses souffrances, il ne s'accorda que de rares inter-
ruptions. En octobre, il revint à Châteauroux
pour les grandes manœuvres.

« Durant ces exercices, disent des témoins
oculaires, il étonna tout le monde par son activité,
restant à cheval des journées entières, courant
à toutes les allures, franchissant même des obs-
tacles malgré sa jambe de bois. Il sentait le
besoin d'être à la hauteur de sa tâche et, pour
cela, il préférait aller plutôt au delà de ses obligations. Lorsque les manœuvres et les marches de
la journée sont terminées, le général exige que
tous les officiers s'occupent immédiatement de
cantonner en quelques minutes leurs hommes,
pour leur éviter les attentes si fatigantes, connues
sous le nom de parties de drogue. Lui-même
s'assure que chaque soldat est pourvu de son can-
tonnement et il ne descend de cheval qu'après
avoir veillé au repos du dernier de ses subordonnés. »

« Son activité n'a d'égale que sa sobriété : « Une
pomme de terre me suffit, disait-il, j'ai un estomac
d'autruche. » A cinq heures du matin, il avale une
tasse de café et prend un morceau de pain, puis
il ne mange rien ou presque rien jusqu'à sept
heures du soir, heure d'un repas qui ne lui coûte
que quelques minutes, tandis que nous perdons
parfois deux heures à un méchant dîner. Une de
ses règles, c'est de couvrir ses inférieurs par
des ordres précis, dont il assume et garde la res-

ponsabilité. Il mérite le jugement que portait de lui le général de Gallifet :

« Personne ne sait mieux que lui et très bien commander et parfaitement obéir.... »

Tout en se consacrant à l'accomplissement de ses devoirs militaires, il ne perdait pas de vue la marche des événements publiques, et il déplorait la direction toujours plus révolutionnaire qui leur était imprimée. Il prévoyait que pour certaine position le moment approchait où il y aurait à choisir entre sa carrière et ses convictions. Les décrets qui expulsaient les religieux de leurs demeures, et la part faite à l'armée dans l'exécution de ces décisions iniques ne tardèrent pas à blesser la dignité et la liberté de conscience des militaires.

Le général vient à Tours, le 3 novembre, pour le classement des officiers. La Commission se réunit sous la présidence de M. de Gallifet. Là M. de Sonis apprend que les expulsions auront lieu, le lendemain, dans la circonscription du 9e corps d'armée. Ce même jour, de grand matin, il se rend chez le commandant ; il lui expose qu'il est décidé à refuser toute participation à l'exécution des décrets et il demande à être relevé de ses fonctions. Le commandant l'exhorte chaleureusement à renoncer à ce projet. Il a donné à Châteauroux et à Poitiers des ordres directs qui s'exécutent sans que M. de Sonis ait à y prendre aucune part. En agissant ainsi, il espère calmer d'honorables scrupules. Mais il n'y réussit pas. Après la séance de la Commission, il revoit le général de Sonis, et il renouvelle ses instances de la façon la plus pressante et la plus aimable; il le quitte en lui disant :

— Général, vous êtes l'honneur de l'armée; je ne peux pas donner suite à votre demande.

Cependant, de retour à Châteauroux, M. de Sonis apprend que les troupes de la brigade de Poitiers sont mises à la disposition du préfet pour faire exécuter les décrets. A cette nouvelle, il demande au général de brigade, placé sous ses ordres à Châteauroux, de se charger de l'expédition des affaires courantes; il ne veut pas qu'on puisse croire que, pour garder sa position, il a consenti à désobéir à Dieu en persécutant ses ministres. Il est prêt à tout, même à comparaître, s'il le faut, devant un conseil de guerre.

Le ministre le mit alors en disponibilité et il exprima le regret que lui inspirait sa détermination. M. de Sonis adressait le 7 novembre à la 17e division l'ordre du jour suivant :

« J'ai demandé, le 4 novembre matin, à être relevé de mon commandement.

» Avant de quitter le 9e corps où je reçus un si bienveillant accueil, qu'il me soit permis de témoigner ma reconnaissance à son général en chef, et que la belle division que j'avais l'honneur de commander reçoive l'assurance de mon fidèle souvenir.

» Autorisé par M. le ministre de la guerre, je remets le commandement à M. le général Vittot, commandant la 34e brigade. »

En renonçant au service actif il avait fait à sa conscience un grand sacrifice. Car il lui était très pénible de briser, peut-être pour toujours, une carrière qu'il aimait beaucoup ; puis, il s'était privé d'un traitement presque nécessaire à son ménage et à ses dix enfants.

Comme toujours la Providence, qui veillait sur sa famille avec une maternelle sollicitude, vint à son secours. M. de Gallifet qui ne cessait pas de lui témoigner sa vive sympathie lui chercha des fonctions qui fussent tout à fait en dehors de la politique ; et il n'avait pas encore six mois de mise en disponibilité qu'il était nommé inspecteur général permanent de cavalerie avec Limoges pour résidence. Cette ville était le centre des quatre brigades placées sous ses ordres.

Peu de temps après son arrivée, il perdait deux intimes amis, le comte de Sèze et M. de la Chapelle. Son âme si aimante en fut très attristée ; mais il eut le courage de dominer son chagrin pour offrir aux deux familles affligées les consolations de la foi.

Pendant la maladie mortelle de M. de Sèze, le général écrivait à son fils : « ....Vous savez l'affection profonde, que j'ai depuis mon enfance, pour votre père. Comment se résigner à l'idée de la séparation que vous me faites entrevoir et redouter? Mais la prière est bien puissante sur le divin Cœur, si compatissant aux douleurs humaines. Appuyez-vous sur ce levier, mon cher enfant.... » Il lui recommande d'invoquer Louis XVI. « Un de Sèze doit avoir crédit sur le cœur du saint roi martyr. Je n'ai jamais cessé d'implorer ce prince si digne d'être invoqué. Depuis bien des années, il a sa place dans mes prières du matin et du soir.... »

Quand son ami eut paru devant Dieu, il s'adressait encore au malheureux fils : « Au milieu de vos peines, mon cher enfant, le bon Dieu vous ménage d'immenses consolations, puisqu'il vous permet de détourner les yeux de cette poussière qui recouvre les restes de votre cher père, pour regarder en toute sécurité plus haut, là où se trouve, dans la plénitude des joies éternelles, l'âme qui nous est si chère. Je suis avec vous plus que vous ne pouvez le croire, et si attaché, si fidèle que j'aie toujours été à votre père, il me semble que je le suis davantage, à mesure qu'il ne me reste plus que sa mémoire à garder.... »

Peu de mois après, il écrivait à Mme de la Chapelle : « Ce n'est pas à vous qu'il faut dire : Espérez contre toute espérance! Vous avez, pour vous rassurer, le témoignage de toute une vie de foi, d'espérance ferme dans les promesses divines, d'inépuisable charité, se traduisant par tous les dévouements envers les pauvres et les malheureux. Vous avez pris plus que personne la

mesure de ce cœur, si large, si bon, si généreux,
si tendre.... Et ce cœur a cessé de battre!

» Pleurez donc, c'est votre droit... c'est aussi
le mien. Mais soyez digne de lui. Voyez-le au
sein de l'éternelle vie, en possession de cette
récompense qu'il cherchait d'une foi ferme, et
vers laquelle il n'a cessé de marcher d'un pas
assuré. En douter, ce serait pécher contre la
vertu d'espérance, et contre l'inépuisable charité
du cœur adorable de Jésus-Christ. »

Après une absence de vingt-neuf ans (1852
à 1881), son arrivée à Limoges avait été une fête
pour ses amis. « Il avait reçu, raconte un ancien
magistrat, un grand accueil de tous les gens de
bien. Malgré la discrétion qu'on s'efforçait d'y
apporter, les visites affluaient; chacun tenait à
le voir, à l'entendre, à s'instruire, à s'édifier de
ses récits. Lui, d'une bonté, d'une affabilité par-
faites, accueillait tout le monde, les petits et les
grands, s'informait de ceux qu'il avait connus
autrefois, recevait volontiers ceux qui avaient
survécu, prenait intérêt à tout et s'entretenait
avec joie d'un passé dans lequel il aimait à se
plonger, comme pour s'y rajeunir.

Il s'adonna, dès le mois de mai, à son nouveau
service avec le zèle et l'activité qu'il apportait
toujours à l'accomplissement du devoir. Il fit de
nombreuses inspections, se levant à quatre heures
du matin, ne se donnant pas un moment de loisir
dans la journée, rendant service à tous, don-

nant avec empressement audience aux officiers qui recouraient à ses lumières, stimulant leur bon vouloir, combattant leur désir de retraite et rehaussant à leurs yeux l'honneur de servir son pays.

Il semblait appelé à remplir longtemps des fonctions qui lui allaient si bien, quand un grave accident vint brusquement en empêcher la continuation, quinze mois après qu'il les eut acceptées. De grandes manœuvres l'avaient amené dans l'Est, à Tantonville (Meurthe-et-Moselle). Là comme à Rennes, son cheval s'effraya et se renversa sur lui. Sa jambe de bois fut brisée, et on dut le rapporter chez lui sur une charrette. Le surlendemain, il remontait à cheval, pour continuer les exercices. Mais cette chute, qui avait mis sa vie en péril, l'avait tellement ébranlé et lui avait causé de si grandes souffrances, qu'elle lui montra la nécessité de renoncer à la vie active. « C'était, dit M. de La Faye, un des plus grands sacrifices que Dieu pût lui imposer. Il l'accepta, comme il avait accepté tous les autres, avec cette résignation douce qui était un des grands charmes de sa nature. »

A la fin du mois de mai 1882, l'exercice du cheval lui étant devenu tout à fait insupportable, il écrivit au général de Gallifet pour lui demander d'être admis à la retraite. Mais le commandant du corps d'armée insista pour que M. de Sonis prît encore patience. Pendant ce

temps, il sollicitait en sa faveur un emploi séden-
taire. Au bout de quelques mois (janvier 1883),
il lui obtenait, au ministère de la guerre, une
place dans la Commission mixte des travaux
publics qui contrôlait spécialement les travaux
exécutés sur les zones frontières. Ce nouvel
emploi l'appelait à Paris. Il exigeait peu de travail : on se réunissait une fois seulement par
mois. Il assistait très exactement aux séances ;
il apportait à ses collègues des observations
pleines de justesse et des lumières très appré-
ciées.

Il choisit un modeste logement, non loin du
bois de Boulogne, et surtout à proximité d'une
église. Logé près de la paroisse Saint-Honoré
d'Eylau, il s'y rendait habituellement deux fois
par jour, appuyé sur le bras de sa chère compagne, ou celui de l'une de ses filles.

Quand de violentes douleurs néphrétiques ou
d'autres souffrances souvent très aiguës lui lais-
saient la faculté de travailler, il s'occupait d'œuvres
méritoires ; il s'adonnait à l'éducation de ses plus
jeunes enfants, et s'appliquait surtout dans ses
leçons à former leurs cœurs pour les élever vers
Dieu.

Malgré le triste état de sa santé, il n'acceptait
aucun adoucissement aux abstinences ou aux
jeûnes, et jusqu'à la fin de son pèlerinage en ce
monde, il voulut les observer avec austérité. Il
n'admettait pas qu'on se dispensât de la péni-

tence sans de sérieux motifs, et il plaignait ceux qui se réjouissaient des concessions accordées à leur mollesse.

Il faisait encore aux pratiques de la charité la part la plus large possible. Il était entré comme décurion dans l'association de la Fraternité du salut. Cette œuvre est soutenue et propagée par les Petites-Sœurs de l'Assomption, établies dans les quartiers pauvres de Paris, pour aller soigner gratuitement les pauvres ménages à domicile. Les religieuses gagnent la confiance des malades, et les décident à entrer dans la société après leur guérison.

Les ouvriers associés s'engagent à s'abstenir du cabaret, à entendre la messe le dimanche, à remettre la paie entière du travail à leurs femmes, à faire tous les soirs la prière en commun, et à remplir exactement le devoir pascal. Des hommes du monde se joignent aux religieuses pour recruter des membres nouveaux et les réunir. Le général assistait aux assemblées, entendait la messe et y communiait.

Il travaillait aussi à ramener à Dieu ses anciens camarades. Parfois il avait beaucoup de peine à se traîner jusqu'à leur demeure; mais il triomphait de la souffrance pour les gagner à la vérité. Dieu seul sait les résultats obtenus et les victoires remportées par son zèle d'apôtre.

Il consacrait encore ses dernières années à se rendre utile aux pauvres, et il trouvait dans la

appliqué au dévouement la source de
ses jouissances. Cependant il consta...
diminution progressive de ses forces, et...
préparait plus sérieusement que jamais à...
de ce monde.

Il écrivait au commencement de 1886:

« Il en sera de cette année ce que Dieu voudra. L'essentiel, c'est d'être résigné à sa sain...
volonté... J'ai soixante ans passés, je sens...
la mort, et je vais laisser derrière moi toute...
famille sans fortune... Mais je sais que Dieu...
un bon père, que les secrets de sa miséricor...
sont insondables; qu'après tout une seule cho...
importe: c'est qu'il soit aimé, glorifié, servi...
Hélas! plus le temps passe, moins il en est ainsi...
Chaque jour nous enfonce davantage dans l'im-
piété, et semble asseoir le règne des ennemis de...
son nom... Comment ne pas s'attrister? »

Le 4 juin fut l'une de ses dernières journées
de bonheur en ce monde. A cette date, il apprenait
que son fils Henri était nommé capitaine, et il
réunissait ses enfants autour de lui. Il y manquait cependant sa fervente religieuse, qui s'asso-
ciait de loin à cette fête de famille. Peu de temps
après, il était atteint d'une crise presque mortelle.
Les médecins se bercèrent de l'espoir qu'ils avaient
conjuré les suites du mal; ils se trompaient, ...
n'était qu'un répit.

Dès le commencement de 1887, ses infirmités
s'aggravèrent et ajoutèrent aux angoisses de...

il [...] il sortait encore pour
aller à sa paroisse, et on l'y voyait témoin
[...] de la présence de Dieu, qu'il manifesta
[...] de lui la vivacité de sa foi. En le regar-
[...] prier avec tant de ferveur, on disait :
— Celui-là est un saint.
Dans la semaine du 8 au 15 août, il fut pris
[...] accès de fièvre peu violente. Le dimanche 14,
[...] se leva comme de coutume, se confessa et reçut
[...] sa chambre la sainte communion, ainsi qu'il
[...] faisait quand sa santé l'empêchait de sortir
[...] nuit fut calme ; mais le lundi 15, dès le matin,
[...] lui survint un étouffement qui enleva tout
[...] espoir de le conserver. Il reçut alors l'Extrême-
Onction en pleine connaissance, puis l'agonie
commença, et, ce même jour, à deux heures, il
entrait dans la vraie vie !

« C'était un religieux carme, écrit Mgr Baunard, c'était le R.-P. Albert qui l'avait assisté
dans ce dernier combat dont il sortait vainqueur.
On était au jour même de l'Assomption. Le général partait sous les bienheureux auspices de
celle dont il disait, dans la nuit de Loigny, aux
blessés qui lui demandaient de leur apprendre à
mourir :

» — Marie est placée sur le seuil de l'éternité, pour inspirer la confiance à ceux qui doivent
le franchir.

» Aussitôt après sa mort, il se produisit, sur
les traits de cet ami de Dieu, un phénomène qui

se remarque rarement au même degré : son visage prit l'expression d'une surhumaine beauté. C'était plus que la paix et la sérénité du sommeil du juste, c'était vraiment un commencement de transfiguration bienheureuse ; c'était plus que la majesté de la mort, c'était un reflet de l'immortalité. Ceux qui l'ont vu alors se sentaient là plus près du ciel que de la terre ; ils n'en perdront pas le souvenir. »

Bientôt Mme de Sonis, plongée dans une profonde douleur, trouvait dans sa foi l'énergie nécessaire pour écrire à sa fille religieuse une lettre détaillée qui commençait par ces mots :

« Ma bien chère Marie, il est parti notre bien-aimé, notre saint ! La sainte Vierge, qu'il a tant aimée, est venue le chercher pour le conduire au ciel, en ce jour de son Assomption glorieuse ! Dieu a soutenu mon courage dans cette épreuve si redoutée. Il m'a donné la force de l'assister durant une agonie de huit heures, et de le voir expirer sans en mourir ! Nos deux vies étaient si liées l'une à l'autre, nous avons été si unis toute notre existence, que le déchirement de la séparation est immense. Mais, chère enfant, Dieu est bon pour moi. Il me montre ce cher ami, heureux dans la gloire, en possession de la récompense qu'il a si bien méritée. Tout mon désir est d'aimer Dieu davantage, afin d'obtenir d'aller bientôt rejoindre mon bien-aimé au ciel. Là, il n'y aura plus de séparation. J'espère que nous arriverons tous dans cette patrie céleste, où nous serons entourés de tous ceux que Dieu nous a donnés. »

Dès que la nouvelle de la mort du général de Sonis fut connue, ce fut, à Paris et en France, une explosion de regrets et de témoignages de vénération. La presse fut unanime à cet égard, et le ministre de la guerre, le général Ferron, écrivit à Mme de Sonis la lettre suivante :

« L'armée et le pays viennent de faire une perte irréparable ; je m'associe à votre douleur en rendant hommage à une grande mémoire.

» Personne n'oubliera la conduite héroïque du général de Sonis, qui, tombé tout sanglant sur le champ de bataille de Patay, n'avait qu'une préoccupation : le sort des troupes qu'il conduisait au combat.

» Ses blessures profondes, reçues en défendant la France, ont amené sa mort prématurée, en enlevant à l'armée l'un de ses chefs les plus estimés, et au ministre de la guerre un de ses plus vaillants lieutenants. »

De son côté, le général de Charette adressait aux anciens volontaires de l'Ouest le télégramme suivant :

« Le général de Sonis est mort ; il a reçu la récompense de son long martyre. Il m'écrivait quelques jours avant Patay :

« Tout doit être commun entre nous : joies, » douleurs et sacrifices. »

» A lui revient l'honneur d'avoir déployé la

bannière du Sacré-Cœur sur ce même champ de bataille, où quatre siècles auparavant flottait la bannière de Jeanne d'Arc.

» C'est au milieu de nous qu'il est tombé, soldat de la France, soldat de Dieu! Toute sa vie peut se résumer en ces deux mots : Honneur et sacrifice ! »

La paroisse Saint-Honoré d'Eylau prépara des funérailles simples, mais dignes pour le grand serviteur de Dieu, si tôt enlevé à l'édification générale. Suivant sa volonté formelle, plusieurs fois exprimée après le déplorable décret qui interdisait aux troupes l'entrée de l'église, sa famille refusa les honneurs militaires. Des officiers, des généraux, des membres nombreux du régiment légendaire venus de toute la France, des prêtres, des religieux, des amis, des admirateurs, s'associèrent à la famille et formèrent une foule recueillie, empressée d'apporter des prières avec des larmes.

Après l'absoute, le cercueil fut transporté sous le porche de l'église, et là, le général Lhotte, président du comité de cavalerie, prononça les paroles suivantes :

« Appelé par le ministre de la guerre à l'honneur de le représenter dans cette douloureuse cérémonie, je viens dire un dernier adieu à l'ami dont nous accompagnons la dépouille mortelle.

» La vie du général de Sonis est trop connue pour qu'il soit besoin de la retracer ici. Il fut le

modèle de toutes les vertus militaires, autant que
des vertus privées. Le mot *devoir*, inscrit à la
première page du livre de sa vie, s'y retrouve
partout, jusqu'au dernier feuillet de ce livre fermé
aujourd'hui ; et, comme on l'a dit de Bayard, ce
modèle des preux, on peut dire de Sonis qu'il
fut sans peur et sans reproche.

» Adieu, général de Sonis! Adieu, glorieux
soldat! Ta vie restera parmi nous comme un
grand modèle dont nous nous efforcerons de nous
rapprocher, mais sans espoir d'y atteindre jamais,
tant étaient grandes tes vertus!

» Adieu, encore une fois, ou plutôt, dans ma
foi chrétienne, je te dis : Au revoir! »

Ces touchantes pensées exprimaient les sentiments de tous. L'orateur fut entendu et béni, non
seulement par les assistants, assez tôt arrivés pour
avoir pu pénétrer dans l'église, mais aussi par
ceux qui n'avaient plus trouvé de place et qui
attendaient derrière les grilles du temple. Il y
avait là des pauvres, des malheureux, des affligés
qui avaient voulu témoigner leur reconnaissance
à un insigne bienfaiteur.

Après le discours, le cercueil fut déposé dans
les caveaux de Saint-Honoré pour être transporté
à Loigny. Le baron de Charette s'empressa de
céder, pour les restes mortels du héros, la moitié
de la place qui lui avait été réservée dans les
cryptes de l'église récemment reconstruite et
dédiée au Sacré Cœur.

« Sans fausse modestie, disait M. de Charette, je ne suis pas digne d'aller reposer auprès de ce saint, à moins qu'il ne m'emporte au ciel comme il m'a entraîné sur le champ de bataille. »

Un mois après le service de Saint-Honoré, le 22 septembre 1887, en la fête des martyrs de la légion thébaine, saint Maurice et ses compagnons, les caveaux de Loigny, qui renfermaient déjà les restes mortels de ses frères d'armes tombés à côté de lui, recevaient le corps du général de Sonis. L'église avait été préparée, ornée par le bon pasteur, qui, dix-sept ans auparavant, avait recueilli dans son presbytère et si bien soigné le héros. Comme à Paris, le sanctuaire fut trop petit pour contenir la foule. Huit enfants, deux filles et six fils, dont quatre militaires, se tenaient près du catafalque avec les membres de la famille. Puis venaient des généraux; Charette avec ses zouaves, des militaires de tout grade, le clergé, les notabilités du pays.

Après l'office, Mgr l'évêque d'Angers (1) montait en chaire et prononçait une éloquente oraison funèbre. Il avait pris pour texte ce verset de l'Écriture : « Il a aimé Dieu de tout son cœur, et Dieu lui a donné la force en face de l'ennemi. » Ce discours, dans lequel l'orateur s'éleva si haut, qu'il mérita d'être comparé à ses illustres

(1) Quatre ans plus tard, le 22 décembre 1891, une mort *subite* mais non *imprévue* introduisait Mgr Freppel dans la vie éternelle, là où le Seigneur voulut le récompenser de tant et de si importants services rendus à la France et à l'Église.

prédécesseurs du XVIIe siècle, impressionna vive-
ment son auditoire. Nous voudrions pouvoir le
reproduire entièrement. Nous en citerons du
moins la péroraison :

« .... Grand Dieu, qui avez fait à notre pays
la grâce de lui montrer dans le général de Sonis
le type accompli du héros chrétien, continuez
votre œuvre de miséricorde, en multipliant sous
nos yeux de si beaux exemples. Donnez à la
France, pour l'aider à reprendre sa noble mission, donnez-lui des hommes d'intelligence, des
hommes de cœur, des hommes de caractère ; mais
surtout donnez-lui des saints, qui, par leurs vertus, raniment autour d'eux l'esprit du sacrifice,
relèvent le moral de la nation, inspirent l'amour
du devoir, et deviennent une force, la plus sou-
veraine de toutes, en apparaissant au milieu de
nous, comme des modèles de foi, d'abnégation,
de dévouement à la religion et à la patrie.

Pour moi, c'est le cœur plein d'émotion que je
vais quitter ces lieux, témoins de si grandes choses.

Loigny ! Loigny ! terre des braves qui as bu
le sang le meilleur et le plus généreux de la
France, reçois ces dépouilles glorieuses qui n'auraient pu trouver nulle part ailleurs de place plus
digne d'elles, en attendant le jour de la résurrection. C'est bien ici, sous l'égide du Sacré
Cœur, que devait être la dernière demeure du
vaillant soldat, au milieu de ses compagnons
d'armes, qui lui formeront une garde d'honneur

jusqu'au sein de la mort. Désormais, quand on voudra chercher les leçons les plus sublimes du patriotisme, on viendra se recueillir à Loigny, auprès de cette tombe, mémorial insigne de la bravoure française et de la piété chrétienne. Ce sera le pèlerinage du dévouement et de la vertu militaires.

Je ne sais si, à la prière de la foi, Dieu daignera faire briller le miracle dans ces lieux à jamais bénits ; je ne sais si l'Église, toujours désireuse de glorifier l'élite de ses fils, ne voudra pas quelque jour faire resplendir d'un plus vif éclat une vie où les vertus chrétiennes se sont élevées jusqu'à l'héroïsme ; mais ce que l'admiration publique me permet d'affirmer dès maintenant sans crainte, c'est que la mémoire du général de Sonis traversera les générations, entourée du respect et de la vénération, car il a été grand devant Dieu et devant les hommes. »

FIN

TABLE DES MATIÈRES

Préface. 5

Chapitre I. — Naissance de Gaston-Louis de Sonis (25 août 1825) ; sa famille, son éducation, ses études. — Il est orphelin, quand il est admis à Saint-Cyr. — En sortant de l'école militaire, il entre dans le 5e régiment de hussards, envoyé à Castres. — Il s'y marie. — Nommé lieutenant, il réside à Limoges pendant quatre années. — Capitaine en 1854, il part pour l'Algérie. — Comme à Limoges, il se distingue par ses talents militaires, ses œuvres charitables, sa vie exemplaire. — Guerre d'Italie ; bataille de Solférino. — Traité de Villafranca . .   7

Chapitre II. — De retour en Afrique, M. de Sonis prend part à une expédition dans le Maroc. — Ravages du choléra. — Mort du colonel de Montalembert. — M. de Sonis, nommé chef d'escadron, est appelé au commandement du cercle de Tenez, puis de celui de Laghouat. — Visite de Mgr Pavy, évêque d'Alger. — Envoyé de Laghouat à Saïda, M. de Sonis exerce là, comme partout, une salutaire influence. — Il est de nouveau chargé du cercle de Laghouat. — Il fait une campagne d'hiver dans le sud, avec le grade de lieutenant-colonel. — Témoignage du colonel Trumelet. — Relation de M. d'Harcourt. — Sollicitude de M. de Sonis pour M. de Jayac de Lagarde. . . .   33

Chapitre III. — M. de Sonis travaille efficacement à réprimer les abus et à faire régner la justice. — Édifiant emploi de ses journées. — Lettre de Lakhdar-ben-Mohammed. — Choléra et famine en 1867. — Embarras financiers. — Assistance de saint Joseph. — Insurrection des indigènes. — Brillante expédition. — Combat d'Aïn-Madhi. — Des services exceptionnels valent à M. de Sonis le grade de colonel. — Il commande la subdivision d'Aumale — Napoléon III déclare la guerre à la Prusse (25 juillet 1870.)   60

CHAPITRE IV. — Après de vives instances, M. de Sonis obtient d'être appelé à l'armée de guerre. — Nommé général de brigade, puis général de division et commandant de corps d'armée, il compte, dans ses troupes, les zouaves pontificaux, appelés alors les volontaires de l'Ouest. — Ses relations avec le baron de Charette. — Patay. — Loigny. — Prodiges de valeur opérés par le général de Sonis. — Fracture de la jambe et du genou gauches. — Nuit du 2 au 3 décembre 1870. — Longues et vives souffrances. — Le presbytère de Loigny. — Séjour de convalescence à Reverseaux, à Castres. — Pèlerinage de Lourdes. — Voyage d'Anvers. — Commission d'enquête parlementaire. — Livre de M. de Freycinet. — Célébration par le général de Sonis du premier anniversaire de la bataille de Loigny.   81

CHAPITRE V. — Nommé commandant de la 16e division militaire, le général de Sonis se rend à Rennes avec sa famille. — Il rétablit la discipline et réprime les duels. — Ses fréquentes inspections. — Son déjeûner chez M. Thiers. — Fracture de la jambe droite. — Nouvelles tortures. — Il est appelé de Rennes à St-Servan, puis à Châteauroux. — Dévouement du général de Gallifet. — M. de Sonis demande sa mise en disponibilité, pour ne pas concourir à l'exécution des décrets d'expulsion des religieux. — Quelques mois plus tard, il est nommé inspecteur général permanent de cavalerie. — Chute de Tantonville. — Réduit à l'impossibilité de monter à cheval, il entre dans la commission mixte des travaux exécutés sur les zones frontières et vient habiter Paris. — Emploi de ses dernières années. — Il sort de ce monde le 15 août 1887. — Service religieux de St-Honoré d'Eylau. — Allocution du général Lhotte. — Translation des précieux restes du général de Sonis dans la crypte de Loigny. — Péroraison de l'oraison funèbre de Mgr Freppel.   110

— Lille. Typ. A. Taffin-Lefort. 1893. —

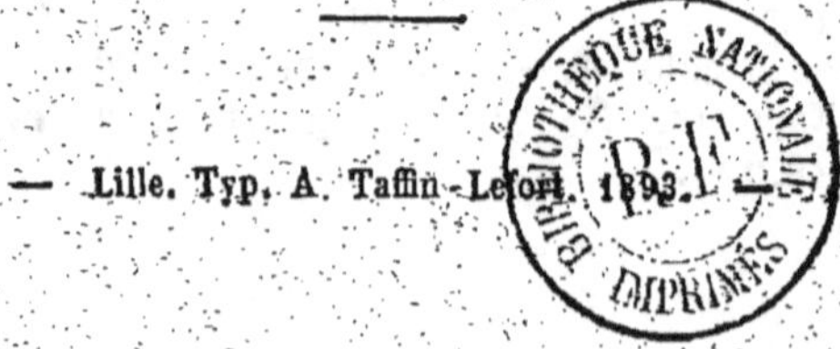